Maurice Halbwachs

Leibniz

FSC
www.fsc.org
MIXTE
Papier issu
de sources
responsables
Paper from
responsible sources
FSC® C105338

Ces brèves études sur les philosophes de tous les temps sont écrites pour le grand public. Elles s'adressent, aussi bien qu'à la jeunesse des écoles, aux gens du monde curieux de l'histoire des idées. La pure érudition en est absolument bannie. L'interprétation des doctrines ne s'y trouve justifiée que par des renvois aux textes indiqués à la fin de chaque volume. Un memento bibliographique signale d'ailleurs les principaux travaux de la critique. On a voulu surtout mettre en valeur dans chaque système ce qui en demeure vivant, ce qui en doit durer, ce qui peut orienter toute pensée en travail.

INTRODUCTION

LA VIE ET LES OEUVRES DE LEIBNIZ

Leibniz (Gottfried Wilhelm) naquit à Leipzig le 1er juillet 1646. Il y apprit la philosophie ancienne sous le professeur Jacob Thomasius : mais, dans cette première période, il parait avoir été attiré plutôt par Descartes que par Aristote. A Iéna, il suivit les cours du mathématicien Erhard Weigel ; toutefois lui-même reconnaît que, jusqu'à son voyage en France, il ignorait presque entièrement les mathématiques modernes. Sans goût particulier pour les fonctions académiques, il préféra à l'enseignement une existence qui le mît en contact avec les véritables savants et les hommes d'État. En philosophie, il paraît s'être intéressé surtout dans sa jeunesse aux combinaisons logiques, à l'idée d'une langue universelle ; au reste, il s'occupait de droit, d'alchimie, de politique. En 1667, à Nuremberg, où il séjournait, il connut le baron von Boineburg, conseiller de l'électeur de Mayence ; il semble avoir été initié par lui à la vie publique. Il devint lui-même conseiller à la haute-cour de justice de l'Électorat, en raison sans doute de ses travaux de jurisprudence, en 1670.

En 1672, il se rendit à Paris, où il revint en 1673, après un court séjour à Londres, pour y demeurer jusqu'en 1676. Il était chargé d'une mission diplomatique : il avait formé le plan de détourner Louis XIV de l'Allemagne et de l'engager à conquérir l'Égypte et à écraser la Turquie ennemie de la chrétienté ; il eut, pour se consoler de son échec, l'avantage d'entrer en relations avec les, hommes les plus savants de l'Europe. Il connut à Paris le cartésien Arnauld, le mathématicien et physicien hollandais Huygens, von Tschirnhaus, mathématicien et logicien allemand,

et ami de Spinoza ; à Londres, il fréquenta un autre ami de Spinoza, se-
crétaire de l'Académie royale, Oldenburg, le chimiste Boyle ; plus tard,
en 76, il y connut encore le mathématicien Collins. C'est en 1676 qu'il
découvrit le calcul différentiel : événement capital dans l'histoire de sa
pensée et de la science, et qui soulève un gros problème d'histoire scientifique : dans quelle mesure le « calcul différentiel » de Leibniz dérive-t-il
du « calcul des fluxions », que Newton découvrait à la même époque ? Il
paraît établi que Newton eut la priorité, et aussi que Leibniz connut ses
travaux ; il est certain aussi que Leibniz n'arriva pas au résultat par la
même voie, que ce calcul n'avait point pour lui la même signification que
pour Newton son propre calcul, qu'il s'intéressait moins à l'aspect purement scientifique et aux applications possibles en physique de cet instrument qu'à l'opération logique, qu'au procédé de réduction en lui-même,
considéré comme type et exemple d'une méthode beaucoup plus générale. Son calcul fut en somme plus élaboré, son système de notation plus
commode et simple que ceux de Newton ; sa méthode fut plus féconde
aussi, à considérer le travail des mathématiciens postérieurs.

En 1676, Leibniz fut nommé bibliothécaire à Hanovre par le duc de
Brunswick-Lüneburg. Il quitta Paris et retourna en Allemagne par
Londres et par Amsterdam, où il visita Spinoza. A Hanovre, les recherches de philosophie furent loin d'absorber l'activité de son esprit.
En 1684, il publia l'exposé le plus achevé de ses découvertes en mathématiques *(Nova methodus pro maximis et minimis)*. En 1686, il écrivit le *Syste-
ma theologicum,* en vue d'amener une réconciliation entre catholiques et
protestants ; il correspondit encore à ce sujet avec Pellisson, ancien hu-
guenot devenu catholique, et avec Bossuet ; mais ce dernier ne concevait
l'entente que sous forme d'un retour des protestants au catholicisme ;
jusqu'en 1693 (mort de Pellisson) Leibniz ne désespéra point. De 1687 à
1690, Leibniz voyagea en Allemagne et en Italie (visitant Vienne et
Rome notamment) pour préparer l'histoire de la maison de Brunswick-
Lüne burg ; il fut aidé dans ces travaux notamment par ses secrétaires,
Hodann et Eckhart ; sans doute ne faut-il pas exagérer, en elle-même ni
aux yeux de leur auteur, l'importance de ces ouvrages, dont le principal

resta du reste inachevé *(Annales brunsvicenses)* ; il faut noter du moins qu'il attachait de l'intérêt aux recherches faites dans les archives, à la découverte des vieux actes, à la réunion des matériaux dont la mise en œuvre se ferait peut-être quelque jour.

Il s'occupa de politique, fut mêlé à certaines négociations importantes, entra en rapports avec des personnages puissants ; il semble du reste avoir été préoccupé d'user de toutes ces influences en vue de l'organisation intellectuelle de l'Europe et du progrès des sciences. Ainsi il fut soutenu par Sophie-Charlotte, femme de l'électeur de Brandebourg, lorsqu'il obtint de celui-ci que fût fondée à Berlin une société des sciences, en 1700 ; ainsi encore, en 1711, et deux fois ensuite, il put entretenir Pierre le Grand, lui proposer tout un plan de réformes et de progrès matériels et moraux à réaliser en Russie. Après un séjour à Vienne, de 1712 à 1714, il revint à Hanovre, que le prince-électeur-George, nommé roi d'Angleterre, venait de quitter. Il y mourut en 1716, au milieu de l'indifférence d'une cour où il n'était plus en faveur, et de l'hostilité, semble-t-il, du peuple, que les pasteurs avaient monté contre lui.

Les écrits philosophiques de Leibniz sont très nombreux : en dresser seulement l'inventaire est un travail considérable. D'autre part, dans chacun d'eux, on retrouve le plus souvent tout le système, ce qui peut sembler un élément de monotonie ; mais le point de vue est sans cesse différent : à chaque exposé nouveau, on comprend mieux. Enfin le plus grand nombre de ces ouvrages ont été écrits à l'occasion de quelque autre livre qu'il fallait réfuter, en vue de combattre ou de convaincre une personne déterminée : l'anglais Russell, en tête de son étude récente sur Leibniz, en tire argument pour soutenir que, les livres connus de Leibniz étant surtout des publications de circonstance, c'est ailleurs, c'est notamment dans les notes qu'il avait gardées en manuscrit, qu'il convient de rechercher sa vraie doctrine ; mais pourquoi ne retenir qu'un aspect de cette philosophie, qui, nous le verrons, réduit le monde à une quantité de « points vue », chacun le mieux propre à nous révéler une partie des choses ? C'est donc simplement pour des raisons de commodité, et non point parce que chaque groupe d'ouvrages exprimerait mieux ou plus mal que les autres la doctrine, que nous classerons les écrits de Leibniz en quatre catégories :

1° Les ouvrages proprement populaires. Les *Nouveaux essais sur l'entendement humain,* composés en 1704, sont un examen, chapitre par chapitre, de *l'Essai sur l'entendement humain* de Locke : le premier livre traite des notions innées, le deuxième des idées, le troisième des mots, le quatrième de la connaissance ; écrit sous forme de dialogue, cet ouvrage est remarquable par sa richesse en idées, analyses, exemples. Les *Essais de théodicée.* sur la bonté de Dieu, la liberté de l'homme et l'origine du mal, furent écrits à l'occasion du *Dictionnaire* et d'autres ouvrages de Bayle, et parurent en 1710, précédés du *Discours de la conformité de la foi avec la raison ;* par l'ampleur et la limpidité abondante des développements, ce traité paraît composé surtout en vue d'agir immédiatement sur les théologiens et le public. La *Monadologie* fut écrite par Leibniz à Vienne, sur la demande du prince Eugène de Savoie : c'est l'abrégé du système entier, où chaque ligne est riche de sens, le plus court et le plus complet des exposés, avec cela l'un des derniers en date, puisqu'il fut rédigé en 1712.

2° Les lettres. Leibniz fut en relations épistolaires avec tous les hommes distingués de son temps ; le nombre de ses correspondants connus dépasse mille. Au point de vue philosophique, il faut retenir, comme très importantes, sa correspondance avec Arnauld, 1686 à 1690 (principalement sur la liberté) ; ses lettres au P. des Bosses, 1706-1716 (sur la substance) ; sa correspondance avec Clarke, 1715-1716 (sur l'étendue). La deuxième est en latin.

3° Les courts traités, dont plusieurs parurent d'abord dans des journaux savants : les *Méditations sur la connaissance, la vérité et les idées,* 1684 (en latin) ; *Si l'essence du corps consiste dans l'étendue,* 1691 ; *Sur une réforme de la philosophie première et la notion de substance,* 1694 (en latin) ; le *Système nouveau de la nature et de la communication des substances,* 1695 ; *De la nature en elle-même, ou de la puissance propre et des actions des créatures,* 1698 (en latin) ; les

Principes de la nature et de la grâce fondés en raison, 1714 (qui se rattachent étroitement à la *Monadologie).*

4° Les écrits restés inachevés, les fragments, notes, plans, demeurés, en partie, jusqu'à ces derniers temps, enfouis dans les cartons de la bibliothèque de Hanovre. Ceux que Gerhardt, dans le septième volume des *Œuvres philosophiques de Leibniz,* et Couturat, dans les *Opuscules et fragments inédits de Leibniz,* ont récemment publiés, s'ils ne transforment pas profondément le sens général de la doctrine, ajoutent en tout cas à notre connaissance sur la question de la langue universelle et de l'art d'inventer ; dès maintenant, ces parties de la doctrine doivent être mises en bonne place dans l'ensemble : on aperçoit que Leibniz s'en occupa de très bonne heure et ne cessa point d'y attacher une grande importance. Citons, parmi ces pièces fragmentaires : la *Dissertation sur l'art combinatoire* (en latin), 1666 ; les *Préceptes pour avancer les sciences :* le *Discours touchant la méthode de la certitude et l'art d'inventer ;* le *Guilielmus Pacidius ;* la *Science universelle ou le Calcul philosophique ;* les *Définitions,* etc.

Il fallait, avant d'exposer la doctrine philosophique de Leibniz, donner une idée, si incomplète fût-elle, des démarches et travaux multiples, qui remplirent sa vie. Il fut en somme, son existence durant, extrêmement actif et occupé. Il s'intéressait à tout, à la politique générale ou locale, aux guerres, aux combinaisons diplomatiques, aux inventions utilitaires, aux langues étrangères et exotiques, aux mœurs des sauvages, aux missions des jésuites en Chine, aux questions de pure érudition. Il jugeait utile d'adapter sa doctrine aux diverses sortes d'esprit, de la rattacher aux préoccupations de chaque groupe d'hommes, de l'exprimer en leur langage. Malgré tout, il ne s'éparpillait point et prenait occasion de tous ses contacts avec le dehors pour se replier sur lui-même et retrouver l'unité de sa pensée. Il semble que d'assez bonne heure les principes de sa philosophie furent arrêtés, que sa doctrine dès lors n'évolua plus ; mais elle se développa, et le sens, les étapes de ce développement furent sans doute déterminés et marqués par les circonstances de sa vie et ses relations avec les hommes de son temps. Aussi nulle œuvre ne mérite-t-elle plus que la sienne qu'on la publie dans son ensemble, sans en rien omettre, année par année, et presque jour par jour : ce serait le tableau le plus exact qui se puisse désirer de toute une époque, envisagée dans ses représentants les plus profonds, que Leibniz connut personnellement ou par leurs ouvrages ; ce serait le moyen le plus sûr, aussi, de comprendre comment cette doctrine s'est peu à peu précisée et enrichie, englobant à chaque fois un fragment nouveau du réel. Il faut souhaiter que la publication intégrale des œuvres de Leibniz, entreprise par l'Union des Académies, soit activement poursuivie et menée bientôt à bonne fin.

I

LA LOGIQUE

Ce qui peut le plus rebuter un homme préoccupé de connaître, ce n'est pas tant la multitude des livres que la difficulté de coordonner, de rattacher d'une façon logique les matières qui s'y trouvent traitées. Il semble que nous ne soyons sortis de l'ignorance primitive que pour retomber dans un désordre où les plus savants ne se reconnaissent pas. Les uns se bornent à répéter ce que les anciens ont dit avant eux, sans s'apercevoir que depuis de nouvelles voies se sont ouvertes à l'esprit humain, que surtout des observations nombreuses et importantes ont été recueillies. D'autres font table rase de tout ce qui a été connu et pensé autrefois, et construisent, sur les seuls faits qu'ils peuvent atteindre, des systèmes achevés : comme si un seul homme était capable de découvrir tous les détails des choses, comme si les erreurs mêmes et les défaillances des anciens ne pouvaient nous être un enseignement. L'idée que les sciences ne progresseront que grâce à une collaboration n'est pas encore entrée dans l'esprit des savants : ils croient, en général, que les différentes doctrines sont incompatibles en toutes leurs parties, que l'univers ne doit être envisagé que d'un seul point de vue ; ils croient, par suite, que les découvertes des savants qui professent des systèmes différents du leur ne peuvent leur être d'aucune utilité. Ils ne comprennent pas que, si chacun ne donnait qu'une seule découverte, nous gagnerions beaucoup en peu de temps. Cependant le public se détourne d'une science prétentieuse et vaine. Il faut s'attendre à un anéantissement de toute culture et à un retour offensif de la barbarie.

Doit-on chercher la cause de cette multiplicité des écoles, du manque à peu près général d'entente entre ceux qui écrivent sur les mêmes questions, dans l'isolement où ils se complairaient, négligeant d'entrer en rapports, soit par écrit, soit de vive voix, les uns avec les autres ? Il est vrai qu'un accord a plus de chances de s'établir entre deux hommes qui causent et correspondent ; encore faut-il avouer que même alors les contradictions le plus souvent s'accentuent, quand les questions ne s'obscurcissent pas davantage : ceux qui discutent ainsi nous font quelquefois penser à deux marchands, débiteurs, l'un vis-à-vis de l'autre, de sommes inégales, et qui, au lieu d'additionner leurs dettes respectives pour les comparer, allèguent confusément les diverses affaires traitées, et n'en viennent jamais au total. Sans doute l'esprit de secte ou d'école y est pour une grosse part : le nom seul d'un auteur d'un parti adverse, mis en tête ou dans le corps d'un livre, nous prédispose à mal entendre ou à tourner à mal ce qui s'y trouve dit ; mais les passions ne sont pas ici les seules coupables. Si les hommes se contredisent mutuellement, c'est que les uns, ou les uns et les autres, raisonnent mal. Beaucoup vont trop vite à la conclusion d'un raisonnement, sans prendre le temps d'éclaircir les principes et les termes intermédiaires ; un des avantages de la langue, qui est d'abréger et de condenser, devient ici un gros inconvénient : on raisonne comme on parle, et l'on ne s'aperçoit pas qu'on parle mal. Les logiciens eux-mêmes, dont c'est le métier d'argumenter en forme, ne s'entendent point. On fit un jour visiter la Sorbonne à Casaubon, en lui disant : « C'est là qu'on a discuté pendant tant de siècles. » Sur quoi il demanda : « Qu'y a-t-on conclu ? » La logique d'école est trop embarrassée, trop compliquée, les principes véritables, qui font la force concluante du syllogisme et de ses modes, sont trop mal connus pour qu'on soit sûr d'éviter les fautes ; il faut souvent, d'ailleurs, une subtilité peu commune pour découvrir le point faible d'un raisonnement logique, tant les pensées y sont « volatiles », tant les rapports y revêtent une forme abstraite et comme éthérée.

On s'étonnera moins du grand nombre des mauvais raisonnements, si l'on considère combien les termes mêmes de la langue sont équivoques parfois. Les savants, le plus souvent, ne prennent pas soin de définir les mots, ou, s'ils les définissent, c'est à l'aide d'autres mots qui leur paraissent plus clairs, et qui, presque toujours, ne recèlent pas moins d'obscurité. Il semble qu'on procède correctement lorsqu'on emploie un terme suivant l'usage courant. Mais la langue courante ne se justifie pas elle-même. Elle n'est pas cette « langue adamique » que quelques-uns se sont figurée, dont les termes reproduiraient, par eux-mêmes et par leur agencement, les essences véritables des choses et leurs réels rapports. Elle est sans doute d'origine naturelle, mais le hasard et l'arbitraire des hommes y ont beaucoup ajouté et modifié. N'y a-t-il pas eu, parmi les théologiens et les philosophes, une querelle fameuse, pour savoir jusqu'où il convient d'étendre la signification du terme : l'homme ? « S'il y avait des animaux raisonnables d'une forme extérieure un peu différente de la nôtre, nous serions embarrassés.... Si quelque autre venait de la lune par le moyen de quelque machine extraordinaire, et nous racontait des choses croyables de son pays natal, il passe rait pour lunaire, et cependant on pourrait lui accorder l'indigénat et les droits de bourgeoisie avec le titre d'homme, tout étranger qu'il serait à notre globe ; mais, s'il demandait le baptême et voulait être reçu prosélyte de notre loi, je crois qu'on verrait de grandes discussions s'élever parmi les théologiens. » C'est que, sous un mot, nous entendons toujours un ensemble de ressemblances, dont quelques-unes sont extérieures et par suite risquent de nous tromper. Il nous arrive, comme à un mauvais écuyer tranchant, de ne pas chercher les articulations là où elles se trouvent, et surtout de ne nous accorder qu'en apparence sur les points où il les faut chercher. — En somme, tout se tient : si l'on ne s'entend pas sur la coordination et l'enchaînement des connaissances, c'est qu'on ne raisonne pas bien, ni d'après des principes identiques et, si les principes et la méthode de raisonner sont encore à déterminer, c'est que les mots eux-mêmes dont nous nous servons d'ordinaire sont insuffisamment définis.

Les philosophes ont très bien compris que le principe de nos erreurs et de nos argumentations mauvaises n'est point dans la nature même des objets que nous envisageons, non plus que dans l'imperfection naturelle de nos facultés, mais dans le mauvais usage que nous faisons de celles-ci. Descartes a donné certains préceptes de méthode : le doute universel comme point de départ, l'évidence comme critérium de la vérité, la préoccupation constante de diviser les difficultés, de n'oublier aucun des éléments d'un raisonnement ou d'une notion. Mais ce doute n'est qu'un artifice et n'est, d'ailleurs, pas nécessaire : nous démontrons bien des vérités dont nous sommes certains immédiatement. Cette évidence n'est point définie, et il est arrivé à Descartes d'accepter, pour évidentes, des propositions qui ne l'étaient point, comme la possibilité logique de la notion de Dieu. Ces recommandations peuvent valoir comme conseils généraux, qui présupposent l'intelligence et le génie naturel, ou une éducation de l'esprit déjà très avancée. C'est comme si, à qui doit, la nuit, passer sur un pont, au-dessus d'un précipice, on indiquait le chemin qu'il doit suivre, et qu'il ne doit aller ni trop à droite ni trop à gauche. Il vaudrait mieux avoir garni le pont de parapets. Les préceptes de Descartes ont surtout une signification psychologique et sont comme la peinture d'un esprit libre de préjugés et, d'ailleurs, plein de force. La vraie méthode, au contraire, doit nous guider comme un fil. « J'appelle fil de la méditation une certaine direction sensible et comme mécanique de l'esprit, que le plus stupide reconnaîtrait. Il faut que l'art supplée notre faiblesse et soit réellement infaillible. » — On peut avoir l'idée d'un « art d'inventer » de cette sorte sans connaître encore les mathématiques. Leibniz, lorsqu'il étudiait la logique, s'étonnait de ce qu'on eût dressé des tables des notions simples, qui permettaient de former mécaniquement des propositions, et de ce qu'on n'eût pas eu l'idée de dresser des tables des propositions elles-mêmes, ou notions complexes, qui eussent permis de former mécaniquement des syllogismes. Les mathématiques offrent de telles tables, mais on y remarque encore au moins deux imperfections. D'abord il y a des axiomes qu'on n'a point pu, ou qu'on n'a pas voulu démontrer, trompé sans doute par leur évidence apparente ; il est vrai, on a pu progresser malgré cela, et il ne faut peut-être pas regretter que les anciens mathématiciens n'aient pas hésité à aller de l'avant ; mais c'est parce qu'en mathématiques il y a des moyens empiriques de faire la preuve des propositions démontrées, ce qui n'existe pas en logique pure ; et c'est une des raisons pour lesquelles les mathématiques ne sont pas l'art d'inventer véritable. De plus, les symboles, les signes dont se servent les mathématiciens ne sont pas absolument adéquats aux notions et aux rapports représentés ; en arithmétique, il y aurait encore beaucoup à modifier ; il est regrettable, par exemple, qu'on ne puisse distinguer à simple inspection les nombres premiers et ceux qui sont leurs produits, qu'on ne puisse reconnaître ainsi qu'un nombre est un produit de tels autres ; la géométrie a reçu sans doute un grand secours de l'algèbre ; mais l'algèbre est un instrument d'analyse encore très imparfait : déjà, pour exprimer les quantités infinitésimales, et pour opérer sur elles, il a fallu inventer de nouveaux symboles ; Leibniz déclare que les propositions de géométrie doivent être exprimées à l'aide de signes, de caractères bien supérieurs en simplicité et en exactitude à ceux de l'algèbre. Toutefois la méthode des mathématiques est jusqu'ici l'exemple le plus approché d'un art rationnel ; il faut en retenir au moins ceci : qu'il s'agisse de démontrer des théorèmes, en partant dé définitions, d'axiomes, de propositions connues, ou de résoudre des problèmes, en exprimant ce qu'ils impliquent, jusqu'à ce qu'on retrouve des définitions, des axiomes, ou des propositions déjà démontrées, on opère toujours par voie de substitution ; on découvre toute une série d'identités dont on ne s'était pas avisé ; et toute démonstration ou résolution ne vaut que parce qu'elle établit un *retour* possible, par une suite de propositions identiques, du point d'arrivée au point de départ ; l'analyse et la synthèse ne sont, en ce sens, que deux points de vue sur une même opération de l'esprit ; d'autre part, cette méthode n'est un instrument effectif de découverte, en mathématiques, que dans la mesure où l'on retrouve, dans les notions ou propositions complexes, les notions ou propositions simples, que dans la mesure où l'on pousse cette décomposition jusqu'à ses dernières limites : au terme, l'on doit trouver les éléments irréductibles, hétérogènes les uns par rapport aux autres, en petit nombre si notre mathématique est une langue bien faite. Et, par ses défauts ou ses lacunes, les mathématiques, l'algèbre en particulier, dont le symbolisme est, jusqu'ici, en cette matière, le moyen d'expression le plus rationnel qu'on ait trouvé, nous font comprendre ce que doit être le symbolisme définitif, la « combinatoire » véritable : ce n'est point par une extension de l'algèbre telle qu'elle est aujourd'hui, c'est par la découverte du système de signes dont l'algèbre n'est qu'une application, qu'on peut espérer le constituer.

Le succès de l'art rationnel dépend ainsi étroitement de la découverte d'une *caractéristique* ou *spécieuse universelle*. Il ne s'agit pas ici d'une langue qui serait acceptée par tous les hommes, en vue de correspondre facilement et de se communiquer directement leurs pensées de pays à pays. La langue universelle comme l'alphabet de nos idées : difficile à créer, elle s'apprendrait sans peine, et qui la posséderait serait en possession de la méthode logique par excellence. Elle serait d'abord, dit Leibniz, plus propre que toute autre à nous représenter exactement et vivement les choses. Nos langues perdent de plus en plus le contact direct des objets, nos mots sont sans analogie avec ce qu'ils représentent. Au lieu de cela, « on pourrait introduire un caractère universel fort populaire, si on employait de petites figures à la place des mots, qui représentassent les choses visibles par leurs traits et les invisibles par des visibles qui les accompagnent, y joignant de certaines marques additionnelles convenables pour faire entendre les flexions et les particules... L'usage de cette manière d'écrire serait d'une grande utilité pour enrichir l'imagination et pour donner des pensées moins sourdes et moins verbales qu'on n'en a maintenant... Avec le temps, tout le monde apprendrait le dessin dès la jeunesse, pour n'être point privé de la commodité de ce *caractère figuré*, qui *parlerait* véritablement aux yeux. » On aurait là « des *figures signifiantes par elles-mêmes* au lieu que nos lettres et les caractères chinois ne sont significatifs que par la volonté des hommes ». Les signes et les termes de cette langue, ainsi riches de sens, se graveront, en outre, dans l'esprit avec d'autant plus de force qu'entre les notions voisines ils multiplieront les rapports distincts. Si bien que, quand même on oublierait certains vocables, on serait capable de les retrouver spontanément. Sur quelque sujet qu'on écrive, le génie de la langue nous procurera la connaissance non seulement des mots, mais des choses. Le nom de la chose sera la clef de toutes les paroles, de toutes les pensées et de tous les actes qui s'y rapportent. Sans doute, le nom de l'or ne nous révélera pas certains phénomènes chimiques que le temps et le hasard nous permettront peut-être de découvrir ; du moins saurons-nous de lui immédiatement tout ce que les hommes les plus intelligents en peuvent maintenant connaître, tout ce qui dépend de la raison et de la méthode, en particulier à quelles expériences il est raisonnable de le soumettre. Au reste, suivant l'étendue naturelle de sa mémoire, on connaîtra plus ou moins de mots et de signes, par suite, de choses et de rapports. La même chose en effet aura des noms variés, un pour le peuple, un pour les savants : à côté des représentations figuratives un peu simplifiées et grosses dont nous parlions ; on en peut supposer de plus nombreuses et de plus complexes, qui seront aux premières ce que les objets vus au microscope sont aux mêmes objets vus à l'œil nu. Mais les savants, comme le peuple, retiendront plus sûrement qu'aujourd'hui ce qu'ils auront connu. Surtout, la langue universelle servira d'instrument infaillible de démonstration et d'invention. Il en sera ici de même qu'en toute matière où il est possible d'user d'un système de chiffres et de signes, et d'épargner par suite à la pensée la peine de considérer les choses elles-mêmes. Par l'emploi de ces symboles, les forces de l'esprit seront le mieux ménagées. Raisonner bien sera aussi facile que parler correctement ; la méthode deviendra un jeu, l'ordre une habitude ; en parlant, par la seule vertu de l'agencement naturel des phrases et la langue devançant l'esprit, on émettra sans y prendre garde des pensées merveilleuses. Du même coup, les sottises se feront aussitôt reconnaître ; les erreurs de raisonnement choqueront comme des solécismes, ou comme de fausses notes ; l'auteur, ou le lecteur, s'en avisera de suite, et évitera ainsi de s'engager dans des développements inutiles, et d'argumenter en pure perte à partir de principes faux. S'il surgit une discussion entre deux personnes sur quelque point, il suffira de prendre la plume et, en appelant si l'on veut un ami qui servira de témoin, de dire : calculons ; on contrôlera en effet la vérité ou la fausseté des propositions par des preuves aussi faciles et décisives que la preuve par neuf en arithmétique. Et, s'il est absurde d'attendre d'une telle méthode qu'elle nous procure la science totale, puisque bien des connaissances dépendent de l'expérience, du moins serons-nous assurés d'atteindre par elle tout ce que la seule raison, même celle des anges, peut pénétrer.

Il est difficile de dire exactement ce que cette langue universelle devait être, puisque Leibniz y a travaillé toute sa vie sans parvenir à la constituer. Il n'a certainement pas eu l'idée que nous y parviendrions d'emblée, comme si, à la suite d'un effort soutenu de méditation tout intérieure, les nombres caractéristiques des choses se devaient révéler d'eux-mêmes à nous. Il n'a pas cru que les signes les meilleurs nous apparaîtraient évidemment être tels, à condition de révoquer d'abord en doute tous ceux auxquels nous sommes habitués, et de penser uniquement par nous-mêmes. Telle eût pu être la méthode de Descartes. Pour Leibniz, on ne pourra parvenir à un tel système de signes qu'à la suite de beaucoup d'essais, en profitant de toutes les sciences et les langues constituées, et grâce à une collaboration intelligente. « Quelques hommes choisis, dit-il, y parviendraient en un petit nombre d'années. » Il faudrait constituer d'abord la grammaire de la langue générale : pour cela, le mieux serait de partir d'une langue donnée, la plus régulière qu'il se peut, notamment le latin, et d'y supprimer toutes les irrégularités, telles que l'emploi du masculin et du féminin pour désigner des objets, et les flexions, qui devraient totalement disparaître, tous les mots devant être au nominatif. L'emploi fréquent de périphrases permettrait de réduire ainsi toutes les formes complexes. La syntaxe deviendrait dès lors simple et facile. La grammaire, c'est-à-dire le général, ainsi réglée, il faudrait passer aux noms eux-mêmes et aux propositions ou vérités ; ce serait là, sans doute, le plus long et le plus malaisé ; mais on pourrait avancer vers le but par une série de travaux d'approche. On étudiera les auteurs qui ont donné des démonstrations en logique, métaphysique, morale, mathématiques, physique, et on démontrera avec soin toutes leurs propositions importantes, toutes celles qui sont le plus générales et dépendent le moins des circonstances. On en tirera les définitions qu'elles impliquent ; et, sans doute, il faudra se contenter souvent de quelques suppositions, au moins en attendant qu'on les puisse démontrer un jour ; mais il faut tâcher d'avancer nos connaissances, et, si nous réussissons à établir beaucoup de choses sur un petit nombre de suppositions, cela ne laissera pas d'être fort utile ; nous saurons au moins qu'il ne nous reste qu'à prouver ce petit nombre de suppositions pour parvenir à une démonstration non plus hypothétique, mais certaine ; nous sortirons ainsi de la confusion des disputes, à condition toutefois de ne rien laisser sans démonstration, et de faire *expressément* toutes les suppositions dont nous aurons besoin. Dès lors il sera possible, parmi toutes les définitions recueillies, de retenir les plus claires, celles qui contiendront le moins d'indétermination, et même dont on pourra le mieux mesurer le degré d'indétermination : ce sont elles qui donneront leur vraie valeur aux mots de la langue universelle. Ces mots, et les propositions où ils entreront, auront tous ainsi pour caractère d'être très déterminés, et de pouvoir entrer dans toutes sortes de combinaisons sans risquer de s'y déformer. Ils seront d'autant plus intelligibles et d'autant plus riches de sens que les réalités qu'ils expriment seront davantage objet, pour nous, de connaissance.

Il faut bien comprendre en quoi l'art d'inventer, fondé sur une telle langue universelle, se distinguerait de la méthode de démonstration employée d'ordinaire dans les mathématiques et dans la syllogistique, et, loin d'en dériver, devra la dépasser et l'envelopper. Dans celles-ci, il s'agit toujours de manifester des *identités,* soit que l'on constate une égalité véritable, si bien qu'un des objets puisse être substitué à l'autre, soit que l'on constate la possibilité de substituer un objet à une partie seulement de l'autre : A = A ; AB est A, qu'il s'agisse de quantités, de lettres, ou, comme dans les syllogismes, de mots. Le principe de contradiction, qui domine tout cet ensemble de vérités, peut s'exprimer : A n'est pas non A. Dans l'art d'inventer, il ne s'agit plus seulement de grandeurs et d'objets qui se peuvent visiblement superposer l'un à l'autre, mais de toutes les notions et de toutes les réalités. Or ici il n'est plus possible de parler de substitution et d'identité, car les choses réelles sont trop complexes, elles résultent de trop de causes, elles entretiennent les unes avec les autres trop de rapports, pour qu'on puisse en connaître immédiatement, et même après un long temps, tout le contenu. Toute chose réelle enveloppe en ce sens l'infini, exclut par conséquent la mesure parfaite et le genre de calcul qui s'applique aux quantités déterminées. Aussi en sommes-nous réduits à noter ici non plus des identités, mais des *ressemblances*. Une nouvelle méthode, plus souple et plus complexe, et de nouveaux symboles, doivent intervenir. On comprend dès lors que, pour donner idée de ces nouveaux symboles, Leibniz ait invoqué, au même titre, l'exemple de l'écriture figurative des Chinois et l'exemple de son calcul différentiel. Il y a toute une partie des mathématiques elles-mêmes où la considération de l'infini, infiniment grand ou infiniment petit, passe au premier plan : ici les méthodes de la mathématique vulgaire, notamment de celle des anciens, qui ne s'occupaient que de quantités finies, deviennent insuffisantes : et c'est déjà le lieu d'appliquer ces nouveaux procédés dont parle Leibniz. D'autre part l'écriture figurative, où les mots sont remplacés par des dessins qui reproduisent les choses mêmes, convient le mieux pour exprimer les, formes apparentes des objets, et donne, mieux que toutes les paroles, l'impression vive des ressemblances sensibles. Pour toutes les autres notions, correspondant à des choses ou à des faits réels qui ne sont ni si abstraits et si proches des grandeurs mathématiques, ni si grossièrement sensibles, il conviendrait donc de chercher tout un ordre de symboles, de caractères, de signes intermédiaires, qui occuperaient l'entre-deux entre le calcul différentiel et l'image pure et simple de l'objet.

Un des grands principes de la philosophie de Leibniz, qui est en même temps le fondement essentiel de sa logique, le principe de raison suffisante, exprime bien, lorsqu'on le comprend, toute l'importance attribuée dans un tel système aux rapports de ressemblance. Il s'exprime d'ordinaire ainsi : il n'y a aucune vérité et aucun fait dont on ne puisse rendre raison pourquoi il est tel ; et il peut sembler d'abord que ce n'est point autre chose que le principe de causalité sous sa forme la plus populaire. Mais, chez Leibniz, il revêt une signification particulière : Leibniz veut dire que, étant donnée une proposition qui exprime un fait réel, il suffit d'analyser les termes de cette proposition pour trouver la raison suffisante de leur rapport ; c'est dire qu'au fond, pour une intelligence capable d'effectuer cette analyse, le rapport entre les deux termes apparaîtrait aussi nécessaire que les relations des mathématiques ou de la logique pure ; mais nous sommes incapables de faire cette analyse, parce que les faits sont trop complexes : ce que nous apercevons entre les deux termes, ce n'est jamais qu'un rapport de ressemblance, de convenance, mais jamais une identité ; il y a toujours quelque chose par où les termes diffèrent et qui résiste à toute réduction. Nous pouvons toutefois faire de plus en plus petite et définie la part de cet élément différentiel, si bien que nous puissions, au terme, n'en plus tenir compte, à condition de posséder les signes et la méthode qui convient. Dès lors, de même qu'on passe maintenant insensiblement, en mathématiques, du calcul des quantités finies au calcul des quantités infinies, on passera par transition insensible de la logique syllogistique et des mathématiques à la science rationnelle de tous les ordres de réalité ; il s'établira entre toutes les branches de la science une continuité remarquable, et la certitude des propositions qu'on établira en morale, en physique, en métaphysique, différera infiniment peu, de la certitude des propositions des logiciens et des mathématiciens.

L'idée de continuité doit féconder la logique et servir à l'avancement des sciences. Déjà nous avons vu qu'entre la démonstration et l'art d'inventer il n'y a pas tant de différences qu'on le croit, puisque l'identité constatée par celle-là n'est que la limite extrême de la ressemblance atteinte par celui-ci. Le syllogisme ne sert pas seulement à exprimer ce que l'on sait déjà, mais à rendre plus distinctes des idées d'abord inaperçues, et il est possible d'établir, en métaphysique et en morale, des propositions aussi certaines que des syllogismes, bien qu'elles concernent non plus des idées, mais des choses existantes. Bien plus, on peut ranger les sciences suivant un ordre tel que celles où il entre des données de l'expérience ne seront point séparées de la science rationnelle par un vide véritable : « Chaque science dépend ordinairement de quelque peu de propositions qui sont ou des observations d'expérience, ou des vues de l'esprit qui ont donné l'occasion et le moyen de l'inventer... en y joignant d'ordinaire les préceptes d'une science supérieure qu'on suppose déjà connue, qui est tantôt la science générale ou l'art d'inventer, tantôt une autre science de qui celle dont il s'agit est subalterne. » Telle est l'optique par rapport à la géométrie, la musique par rapport à l'arithmétique. Par une partie de leurs principes, ces sciences tiennent à l'art rationnel directement ; mais la part d'indétermination qui s'y trouve encore, tout ce qui y dépend de l'expérience, peut recevoir une grande lumière de la méthode générale. « Ceux qui aiment à pousser le détail des sciences, dit Leibniz, méprisent les recherches abstraites et générales, et ceux qui approfondissent les principes entrent rarement dans les particularités. Pour moi, j'estime également l'un et l'autre, car j'ai trouvé que l'analyse des principes sert à pousser les inventions particulières. » Nous sommes sans doute ici dans le domaine du probable, mais les degrés de probabilité doivent être déterminés par la logique. De même qu'entre l'identité et la ressemblance on parvient à restituer la continuité, de même entre la ressemblance et l'analogie, l'ordre au sens le plus large et le plus souple, on peut passer par des notions intermédiaires. En médecine particulièrement, malgré la diversité des circonstances et des tempéraments, il serait possible, grâce à des comparaisons multipliées, de parvenir à de fortes vraisemblances ; et Leibniz déplore que les répertoires, si nombreux en matière de droit où ce serait le moins nécessaire, « puisque la raison et les lois suffiraient quand il n'y aurait point d'autre auteur », fassent à peu près totalement défaut en médecine. Tout ce qui révèle un ordre et un agencement intelligent peut être utile à connaître. Il ne faut pas, s'appuyant sur la science d'aujourd'hui, mépriser et ignorer les systèmes des anciens ; même lorsqu'ils sont partis de suppositions non fondées, il est intéressant de connaître ce qu'ils en ont tiré, à condition de faire expressément pour notre part les suppositions dont il s'agit ; si l'on n'est point parvenu à un résultat certain dans les mêmes questions, ils aident à limiter le terrain de la recherche, et ils peuvent suggérer des rapprochements instructifs ; si on les a dépassés ou corrigés, ils nous rappellent toutefois des difficultés et des artifices auxquels nous ne songeons plus assez. Il ne faut pas, se renfermant dans les sciences écrites, oublier le merveilleux parti qui se peut tirer de la connaissance des procédés dont se servent les artisans ; ces procédés risquent de se perdre, parce que les savants les dédaignent et que les hommes de métier ne savent pas les décrire ; sans doute la vraie théorie peut suppléer et surpasser parfois la pratique même dans ce domaine : « Tous les jours des personnes de bon sens, qui ont besoin de quelques ouvriers, après avoir compris la matière et les raisons de la pratique, savent donner des ouvertures sur des cas extraordinaires dont les gens du métier ne s'avisent point » ; mais en revanche « un ouvrier qui ne saura ni du latin ni de l'Euclide, quand il est habile homme et sait les raisons de ce qu'il fait, aura véritablement la théorie de son art et sera capable de trouver des expédients dans toute sorte de rencontres ». Il ne faut pas enfin négliger d'observer les tours d'adresse et les jeux d'enfants : les opérations de l'esprit s'y laissent quelquefois connaître mieux qu'ailleurs, parce qu'elles sont à elles-mêmes leur fin, parce que le procédé, la combinaison, est ici ce qui importe le plus.

Telle est la logique de Leibniz. Par la caractéristique universelle et l'art d'inventer, elle doit faire cesser les disputes, rapprocher les pensées — sans toutefois les identifier, puisque la vivacité de l'imagination et la facilité de la mémoire, l'habitude aussi et l'exercice, resteront de précieux auxiliaires, — les préparer toutefois à collaborer efficacement en vue des progrès de nos connaissances. Leibniz n'est point parvenu à créer une langue générale : toute sa philosophie est du moins un effort continu pour montrer que d'une notion à l'autre, d'un être à l'autre, on passe par une série de différences infinitésimales, ou de ressemblances infiniment approchées : loin que sa logique et sa doctrine se heurtent et se contredisent, il y a de l'une à l'autre une exacte continuité.

II

LES IDÉES

Déterminer l'origine et la nature de nos idées n'est pas un problème aisé : peut-être, pour l'aborder, faut-il être fixé d'abord sur l'origine et la nature de l'esprit lui-même. Toutefois des philosophes, défiants à l'égard des méditations métaphysiques, prétendent l'avoir résolu par la simple observation de ce qui se passe en nous, quand nous réfléchissons et percevons. « Il s'agit de savoir si l'âme, en elle-même, est vide entièrement, comme des tablettes où on n'a encore rien écrit — c'est leur doctrine, — ou si l'âme contient originairement les principes de plusieurs notions et doctrines, que les objets externes réveillent seulement dans les occasions. »

D'après eux, les données des sens, jointes aux données de la réflexion (celle-ci n'étant d'ailleurs que la perception des opérations de notre esprit, en train de travailler sur les premières), sont tout ce que nous connaissons : le fondement de tous nos jugements est donc hors de nous, dans l'expérience. Mais l'expérience, réellement, ne nous élève à aucun degré de certitude. On se serait trompé en posant comme règle générale « qu'avant le décours de vingt-quatre heures le jour se change en nuit et la nuit en jour », puisque depuis « on a expérimenté le contraire dans le séjour de Nova Zembla ». On ne peut pas même croire que c'est la règle « dans nos climats au moins », puisqu'il n'est pas impossible que la Terre et le Soleil cessent d'exister un jour, au moins dans leur présente forme. Les bêtes sont purement empiriques et se règlent sur les exemples : leurs consécutions se ramènent à l'attente machinale, à l'occasion d'un événement, de l'événement qui d'ordinaire suit, et ne sont qu'une ombre de raisonnement. Nous sommes capables, au contraire, d'exprimer des vérités certaines, lorsque, réfléchissant à certaines idées, nous en affirmons quelque chose ; aucune des notions qui nous viennent par les sens seulement n'est capable de servir de sujet à de telles propositions ; il faut donc admettre que ces idées sont en nous, en vertu de notre nature, non en vertu des choses extérieures, et qu'elles sont dans l'entendement sans avoir passé par les sens ; comme elles sont d'ailleurs les principes de tous nos raisonnements, même des propositions probables que nous exprimons à propos des données des sens, il faut voir en elles la substance même de l'entendement : si bien que nous sommes en quelque façon innés à nous-mêmes.

On objecte que les enfants, les idiots et les sauvages, dont l'esprit n'est pas altéré par la coutume et par les opinions des autres, ne connaissent pas ces idées ; que nous-mêmes ne les apercevons pas d'ordinaire, et que la présence dans notre âme d'idées dont nous n'avons pas ou dont nous n'avons pas eu auparavant une connaissance expresse est une notion assez contradictoire. On n'aurait pas tort de nous réfuter en ces termes, si nous nous représentions les idées innées dans l'esprit comme des réalités toujours achevées, comme est l'édit sur les tables du préteur. Peut-être Platon concevait-il ainsi l'existence des Idées, qui se découvrent à nous tout d'un coup, par une simple réminiscence. C'est attribuer trop de puissance et d'étendue à notre esprit, comme lui laissent un rôle trop médiocre ceux qui croient qu'il est entièrement indifférent à toute notion, comme une table rase : la formation des idées, même sous l'influence des perceptions, devient alors un miracle, une création *ex nihilo*, dont on ne peut trouver une raison ni dans l'esprit ainsi défini, ni dans certaines choses extérieures, qui ne semblent pas plus appelées que d'autres à s'arrêter sur une surface aussi parfaitement lisse. Mais les idées innées ne sont ni toutes faites, ni toutes à créer, ni des actes purs, ni de pures possibilités, mais des virtualités, comme disent les philosophes, en entendant par là quelque réalité, et déjà de l'action, mais enveloppée et confuse. Dans la mesure où une image empruntée aux objets étendus peut rendre compte de manières d'être immatérielles, c'est comme si, dans un bloc de marbre, la statue d'Hercule qu'on en veut tirer se trouvait déjà indiquée, par la disposition naturelle des veines : il suffit de diriger le ciseau suivant ces traces ; de même il suffit de diriger l'attention suivant les traces des idées qui sont en nous, pour découvrir ces idées elles-mêmes. Le consentement universel n'est pas ce qui fonde les vérités ; ici, au reste, il serait pour nous, car, si l'on n'invoque pas toujours ces principes, on s'y conforme implicitement, puisqu'on raisonne ; quant aux enfants, aux idiots, aux sauvages, il ne leur manque que l'attention, leur esprit est vide de préjugés, mais encombré et absorbé par les sensations de toute sorte.

Une pensée dont on ne s'aperçoit pas n'est point une notion contradictoire, à moins qu'on ne définisse la pensée par l'aperception. Mais il y a dans notre âme bien des changements, dont nous ne nous apercevons point et qui ne laissent pas d'exercer une action. Les cartésiens, pas plus que les empiristes ne veulent admettre qu'il y ait de petites perceptions insensibles ; mais les cartésiens partent d'une notion trop étroite et abstraite de la pensée, tandis que les empiristes font appel à une expérience grosse et superficielle ; les uns et les autres sont obligés de passer souvent d'un fait à un autre, d'une notion à une autre, par un véritable saut, ce que la logique ne souffre point. L'âme ne passe point brusquement, comme le croient les empiristes, d'un état où elle ne pense pas et n'existe pas, en tant qu'âme, à des perceptions et à des réflexions dont la suite distinctement perçue constituerait tout son développement. Si une tension forte rompt une corde, il faut admettre qu'une tension moins forte avait déjà triomphé partiellement de sa résistance. De même on ne s'éveille pas instantanément, mais, avant d'être pleinement éveillé, on l'était un peu, et le sommeil lui-même n'est pas comme un vide de la pensée, mais une période de pensée moins distincte, si bien qu'il n'en demeure le plus souvent aucun souvenir. D'autre part, avant que nous prêtions attention à une perception, elle nous sollicitait déjà, mais très faiblement ; des impressions sont souvent à la fois trop petites et en trop grand nombre pour retenir l'attention : le bruit de la mer est composé du bruit de toutes les vagues, mais on ne perçoit que l'ensemble ; des impressions sont « trop unies, en sorte qu'elles n'ont rien d'assez distinguant à part » : tel le bruit monotone du moulin ; mais qu'on s'approche de la mer, qu'on soit averti de penser au moulin, et les petites perceptions se laissent connaître. Chaque acte d'attention nous distrait d'une quantité d'impressions qui n'en continuent pas moins d'exister et d'agir, si bien que les actes d'attention qui suivront trouvent déjà en elles leur raison d'être et leur objet. L'âme, d'un moment à l'autre, se contente de développer son contenu. L'âme ne passe point brusquement, comme le croit Descartes, d'images sensibles qui n'ont aucune ressemblance avec leurs objets à des représentations intellectuelles dont le contenu serait identique aux choses mêmes. Entre la sensation d'une douleur et les mouvements qui en sont cause dans le corps, il y a un rapport étroit et comme une analogie, en ce que la sensation clairement perçue enferme une quantité de perceptions plus confuses, dont chacune répond à un mouvement, si bien que dans la sensation il y a une représentation en raccourci d'une quantité de changements élémentaires. D'autre part, les idées intellectuelles elles-mêmes, avant d'être aperçues distinctement, sont en nous à l'état de dispositions et de tendances sourdes, objets, elles aussi, de petites perceptions ; elles agissent dans notre esprit, quand nous pensons, comme les muscles et les nerfs agissent dans notre corps quand nous marchons, sans que nous en ayons une conscience claire ; toutefois elles sont là, et se traduisent du moins par leurs effets. Mais le champ des petites perceptions est encore plus étendu qu'il ne semble. Notre pensée présente n'est pas seulement grosse des pensées qui vont venir : toutes les pensées et toutes les impressions passées laissent en nous leur trace, sous forme de souvenirs conscients ou de réminiscences indistinctes. A vrai dire, toujours en vertu du principe de continuité, on ne comprendrait pas plus l'anéantissement total de nos perceptions que leur création *ex nihilo* ; elles ne font, en réalité, que perdre momentanément de leur clarté ; mais elles agissent encore, et c'est grâce à elles que nous avons la notion de notre identité. On n'oublie rien : ces petites perceptions, lorsqu'on y fait attention de nouveau, redeviennent claires, et alors nous nous souvenons ; elles obéissent à des « retours périodiques », diminuant par degrés insensibles pour croître de même. C'est ce qui nous donne à juger que la mort n'est point la destruction de l'âme, que l'âme subsiste avec des pensées enveloppées, qui certainement redeviendront distinctes un jour. Au fond, l'âme de Descartes, qui n'est que pensée pure, aussi bien que l'âme des empiristes, qui n'est qu'une table rase, ne renferment, par elles-mêmes, aucune diversité. Il n'y a pas de raison pour les multiplier : avec des principes uniformes, on n'arriverait pas à reproduire la diversité de l'univers. Les petites perceptions au contraire permettent de reconnaître que les identités apparentes ne sont que des ressemblances, que la variété est au fond des choses. Il n'y a pas, dans le monde, deux êtres indiscernables, c'est-à-dire qu'on ne puisse distinguer qu'en les comptant, comme deux unités, l'un après l'autre.

Les perceptions pures et simples, non accompagnées de réflexion, ne sont pas toutes du même degré : la mort, le sommeil, l'évanouissement, l'étourdissement, la distraction, l'imagination des animaux se ressemblent sans se confondre et diffèrent sans doute du plus au moins. Les idées sont des perceptions accompagnées de réflexion, car nous ne pensons jamais qu'à l'occasion et avec l'aide d'images particulières ; même en mathématiques, nous sommes astreints à considérer certains caractères et, en logique, des mots ou ; des signes. Tandis que les différentes perceptions simples se prêtent malaisément à une définition, parce qu'elles sont l'objet d'un sentiment, les idées peuvent être distinguées d'après l'étendue de la connaissance qu'elles nous apportent.

« Une idée est claire lorsqu'elle suffit pour reconnaître la chose et pour la distinguer : commet lorsque j'ai une idée bien claire d'une couleur, je ne prendrai pas une autre pour celle que je demande ; et, si j'ai une idée claire d'une plante, je la discernerai parmi d'autres voisines : sans cela, l'idée est obscure. » Entre l'obscur et le clair, il y a du reste des transitions. Il y a des couleurs qu'on ne distingue point par mémoire, mais seulement en les comparant. Il y a des plantes d'espèces différentes que nous ne distinguons pas par l'extérieur ou la description. « Nous nommons distinctes non pas toutes celles qui sont bien distinguantes ou qui distinguent les objets, mais celles qui sont bien distinguées, c'est-à-dire qui sont distinctes en elles-mêmes et distinguent dans l'objet les marques qui le font connaître, ce qui en donne l'analyse ou définition ; autrement nous les appelons confuses. » Ainsi une idée peut être en même temps claire et confuse, en ce que, si nous savons la reconnaître au milieu des autres, nous ne discernons pas encore l'une de l'autre ses parties. Il y a d'ailleurs des confusions qui semblent irréductibles, comme si elles étaient une imperfection de notre nature : les qualités sensibles, couleur, saveur, etc., malgré notre attention, ne nous découvrent pas leurs éléments. D'autres résultent de notre paresse ou de notre inexpérience : les propriétés de l'or véritable se font connaître à qui sait faire les essais nécessaires. Suivant les cas, d'ailleurs, une image claire, qui est en même temps une idée confuse, peut rendre de plus grands services qu'une idée distincte elle-même : « un ouvrier et un ingénieur, qui ne connaîtront peut-être pas assez la nature d'un ennéagone et d'un décagone, pourront avoir cet avantage au-dessus d'un grand géomètre qu'ils les pourront discerner en les voyant seulement, sans les-mesurer, comme il y a des colporteurs qui diront le poids de ce qu'ils doivent porter sans se tromper d'une livre, en quoi ils surpasseront le plus habile staticien du monde ». Mais, parmi les idées distinctes, il faut en reconnaître au moins de deux espèces. « Lorsqu'une idée est distincte et contient la définition ou les marques réciproques de l'objet, elle pourra être inadéquate, lorsque ces marques ou ces ingrédients ne sont pas aussi tous distinctement connus. » Une idée est donc adéquate lorsqu'on entend bien les idées partielles qui forment l'idée totale. Dire de l'or que c'est un métal qui résiste à la coupelle et à l'eau forte, c'est en donner une idée distincte, mais inadéquate, car « la nature de la coupellation et de l'opération de l'eau forte ne nous est pas assez connue ». Or, tant qu'on ne connaît pas distinctement les éléments d'une notion, on n'est pas sûr que ces éléments soient compatibles en fin de compte, et que la notion ne soit pas contradictoire. La notion du mouvement perpétuel est distincte, mais inadéquate. Au contraire, l'idée d'un nombre est à peu près adéquate, de même que les idées mathématiques en général ; n'est-il pas vrai qu'en géométrie les définitions font connaître la possibilité de leurs objets ? Elles sont en effet des éléments derniers où l'on résout par analyse les figures complexes, ou du moins des combinaisons où n'entrent que des éléments derniers reconnus compatibles. Nous connaissons les choses par idées adéquates dans la mesure où nous les connaissons par leurs véritables définitions. Au reste, il y a des définitions provisionnelles : qui imitent les définitions réelles, et d'où l'on tire des conséquences vraies : quand je ne connaîtrais que certaines propriétés d'un objet, je ne laisserais pas, partant de celles-ci, d'en découvrir d'autres. Entre les connaissances adéquates et inadéquates, il y a donc des intermédiaires. Un géomètre inexpérimenté pourra se faire une géométrie imparfaite, qui, approfondie, se transformera jusqu'à rejoindre la géométrie savante. Nouvel exemple de cette vérité que des impressions les plus grossières des sens jusqu'aux notions les plus élaborées on s'élève par transitions insensibles.

En quel sens les connaissances adéquates marquent-elles à la fois le plus haut degré et la limite infranchissable de notre connaissance ? Leibniz ne croit pas qu'il existe réellement autre chose que des individus. C'est une erreur que de considérer les genres ou les espèces comme ayant une existence propre, sous forme d'universaux réalisés. En ce sens, Leibniz est nominaliste. Il ne faut pas dire que connaître l'homme, c'est s'élever à la contemplation d'une nature humaine abstraite, extérieure et supérieure aux hommes particuliers. Parler ainsi, c'est prononcer des mots vides de sens ; et il est trop vrai que beaucoup de philosophes ressemblent à ces hommes qui parlent sans savoir ce qu'ils disent, que leurs pensées sont trop souvent sourdes, et leurs propositions un vain psittacisme. Mais les nominalistes ont tort, de leur côté, après avoir nié l'existence séparée des universaux, de nier aussi qu'il y ait, entre les individus, des ressemblances réelles ; il leur devient impossible d'expliquer l'existence même des mots et leur usage propre. Il est vrai qu'il n'existe que des individus, mais, entre les individus, nous reconnaissons des ressemblances, et ces ressemblances sont des réalités.

A vrai dire, il ne nous est pas possible, en raison de notre nature, de connaître autre chose. Et le progrès de notre pensée consiste sans doute à découvrir, derrière les analogies superficielles, les ressemblances plus approchées et mieux fondées, Déjà les animaux témoignent qu'ils reconnaissent leur maître, ou le bâton avec lequel on les a frappés ; la perception sourde chez nous doit être un signe de même nature : quand nous réunissons tous les bruits que font chaque vague en un tout que nous appelons le bruit de la mer, nous additionnons sans nous en douter une quantité de ressemblances ; il n'en saurait d'ailleurs être autrement, puisqu'il n'y a entre les petites perceptions et les idées qu'une différence de degré. L'idée claire et confuse n'est ainsi que la représentation claire d'une foule de représentations obscures, c'est-à-dire un signe de signes ; elle est en nous, parce que nous sommes des créatures finies, et qu'il nous serait impossible et inutile souvent de consacrer un effort particulier d'attention à chacune des perceptions élémentaires. Parfois cela nous devient utile et possible ; l'objet cesse alors d'être connu confusément, et ses différentes propriétés apparaissent dans leur distinction ; mais ce n'est que lorsque nous pouvons les nommer distinctement, c'est-à-dire à la suite de comparaisons ; l'idée distincte nous apparaît ainsi comme le résultat et la somme d'une quantité d'idées claires, mais confuses, donc comme leur représentation, leur signe. Et l'idée adéquate, à son tour, suppose une multiplicité d'idées distinctes et les représente en son unité ; comme les autres, elle n'est qu'un symbole. En somme, tout se passe comme si nous avions une quantité de dessins représentant une ville sous une quantité de points de vue, se représentant donc tous les uns les autres en un sens ; mais il y en a qui sont plus nets et laissent voir plus distinctement certaines parties de la ville, comme s'ils avaient été faits en s'inspirant à la fois de plusieurs autres, plus confus, mais semblables. Nous avons d'autant plus d'idées distinctes qu'il se trouve en nous plus d'idées confuses, et la richesse des perceptions est une condition nécessaire de la clarté des aperceptions. Perceptions et idées, en effet, ne se prêtent à ce que nous les *nommions,* c'est-à-dire n'agissent sur notre pensée, que dans la mesure où elles sont semblables. « Celui, dit Leibniz, qui aura vu attentivement plus de portraits, de plantes et d'animaux, plus de figures de machines, plus de descriptions ou représentations de maisons ou de forteresses, qui aura lu plus de romans ingénieux, entendu plus de narrations curieuses, celui-là, dis-je, aura plus de connaissance qu'un autre, quand il n'y aurait pas un mot de vérité en tout ce qu'on lui a dépeint ou raconté. » Car il aura plus de matière pour opérer des rapprochements.

Mais, à mesure que nous nous habituons à considérer ainsi les choses sous l'angle du semblable, nous nous éloignons de l'individu, qui n'existe qu'à condition de renfermer du distingué, du différent. Quand nous nous élevons aux idées adéquates, nous en sommes le plus loin possible. Allons-nous pouvoir le rejoindre ? Remarquons que les exemples donnés par Leibniz des idées adéquates sont empruntés aux mathématiques. Remarquons aussi que les définitions adéquates doivent nous rendre compte de la possibilité de leur objet. Les idées adéquates remplissent donc dans notre âme le rôle joué par les principes et les idées logiques dans nos raisonnements. L'ordre des individus est l'ordre des existences, et l'ordre des idées adéquates est l'ordre des possibles. Or il ne nous est pas permis, à nous hommes, et sans doute à tous les êtres qui sont, comme nous, assujettis à ne penser que par symboles, de déduire ou de tirer de quelque manière les existences individuelles des possibles simplement conçus. Les éléments derniers où nous sommes parvenus sont irréductibles parce qu'ils ne sont plus semblables ; il n'y a donc plus, de l'un à l'autre, continuité et nous ne pouvons plus, suivant notre logique, passer de l'un à l'autre. C'est la μετὰδασις ἐις ἄλλο γένος d'Aristote, qu'il ne nous est pas permis d'accomplir. On peut toutefois définir rationnellement une espèce de connaissance qui serait capable de ce qui nous est refusé. Ce qui nous arrête, c'est que, les possibles étant en nombre infini, pour les comparer tous afin de connaître lesquels sont compatibles, il nous faudrait échapper au temps, ou à la nécessité de nous représenter les choses d'une façon symbolique. La connaissance intuitive consisterait en une conception très distincte et simultanée de toutes les dernières parties d'une chose ; connaître les possibles, pour un être ainsi doué d'intuition, ce serait connaître les existences ; non que, comme le croyait

Spinoza, il suffise d'être possible pour exister, car le contraire de ce que nous voyons est logiquement concevable ; mais parce que les existences doivent avoir une raison, et que cette raison ne peut se trouver que dans la considération de tous les possibles, dans une supériorité ou un avantage, à quelque point de vue, des possibles réalisés sur les autres. Aussi il n'est pas moins vrai que connaître les existences, c'est connaître du même coup les possibles ; de même que connaître pleinement jusqu'aux plus sourdes perceptions qui sont dans notre âme, c'est se représenter les raisons de leur obscurité ou de leur confusion, c'est comparer par suite notre âme telle qu'elle est à tout ce qu'elle aurait pu être. Une connaissance intuitive est donc un calcul sans signes ; dans nos langues, les mots importent peu, mais les liaisons des mots, les rapports, sont l'essentiel ; toutefois, nous ne pouvons nous représenter un rapport sans distinguer le sujet et les prédicats, sans employer des symboles pour fixer devant notre esprit ces termes et le lien même d'identité, de ressemblance, de convenance, par où ils sont unis ; par l'intuition, on penserait les rapports en eux-mêmes, sans l'aide des mots, ni de caractères quelconques : c'est dire que l'intuition ne convient pas à notre nature, qui peut s'élever d'un symbolisme grossier à une caractéristique plus subtile, mais d'une façon continue, et qui doit en somme se défendre contre les illusions des sens avec des armes qui conservent quelque rapport avec l'imagination.

L'expérience joue dès lors un rôle indispensable dans notre connaissance. Il est vrai que le seul mode de pensée qui ait quelque valeur et puisse fonder quelque vérité, c'est la démonstration. Les attentes ou croyances nées de l'expérience sont incertaines ; même l'expérience interne ne se suffit point : « La conscience, dit Leibniz, n'est pas le seul moyen de constituer l'identité personnelle, et le rapport d'autrui, ou même d'autres marques, y peuvent suppléer. » C'est une égale erreur de prétendre que les faits permettent de découvrir les rapports véritables que de voir dans les syllogismes particuliers la source de la certitude du raisonnement syllogistique. Toutefois il est vrai que nous pensons toujours le général à propos du particulier et que nous ne réfléchirions jamais aux idées logiques si nous n'y étions sollicités par l'expérience. Observer les faits d'une façon méthodique, noter les ressemblances et les répétitions, c'est préparer une matière à la pensée, c'est nous mettre en disposition de porter notre réflexion sur un certain ordre d'idées. En ce sens une expérience bien liée a plus de réalité que les images incohérentes de nos songes. Mais ce n'est pas de l'expérience que nous tirons les idées qui servent à en rendre compte ; une idée, pour Leibniz, n'a pas de valeur parce qu'elle réussit à expliquer un ensemble de faits : ce serait remettre en honneur les notions obscures des scolastiques, dont l'attraction newtonienne n'est qu'un nouvel exemple ; une idée n'est bien fondée que lorsque, par elle-même, elle est pleinement intelligible ; le calcul différentiel est cela même : il n'est qu'une application, en mathématiques, d'une méthode plus générale, dérivée des lois mêmes et de la nature de notre pensée ; et il est certain qu'il a pu être suggéré à Leibniz par l'étude de certains problèmes particuliers, mais ce n'est point parce qu'il a permis de les résoudre, c'est par sa forme mier plan celles qui expriment le mieux, le plus distinctement l'objet, c'est-à-dire qu'à la notion de quantité se substitue celle de *hiérarchie*. Or tous ces caractères, le dernier en particulier, comme nous le verrons bientôt, sont le mieux propres à mettre en évidence l'espèce originale de rapport qui se trouve établi entre les monades.

Il ne faut pas se laisser arrêter par ce qu'il paraît y avoir de paradoxal en cette théorie. Un homme dort, quelqu'un le pique avec une aiguille, et il s'éveille avec un sentiment de douleur : n'est-il pas vrai que l'aiguille est la cause de la piqure et par conséquent de la douleur ? La piqure n'était préparée en rien dans le corps, et on ne peut alléguer que l'âme, malgré le sommeil, ait eu la perception sourde de mouvements organiques précurseurs de la piqure. Toutefois, il est certain que l'âme, qui perçoit obscurément tout ce qui se passe dans l'univers, a perçu d'abord le mouvement de l'aiguille, avant même que le corps en soit touché. Cette perception confuse s'est seulement développée ; d'elle, et non du dehors, est née la douleur. — Il ne faut pas alléguer les nombreuses chances qu'il y a pour qu'une telle correspondance se dérange, au cours du temps, de même qu'une pendule livrée à elle-même finit toujours par avancer ou reculer : et encore les mouvements d'une pendule sont bien plus simples et plus faciles à accorder que les changements dans l'âme et dans le corps. Raisonnant ainsi, on ne s'aperçoit pas que la durée n'existe pas, abstraction faite des choses qui durent : dire du monde qu'il a pu commencer plus tôt, cela n'a de sens que si l'on suppose un plus grand nombre d'événements intercalés entre le commencement du monde et le moment actuel ; la durée n'est pas un milieu vide dans lequel on assignerait une place à chacun des changements successifs, ni un mouvement régulier par rapport auquel on les mesurerait : la durée est la succession même des changements ; dire que deux événements se correspondent parce qu'ils se produisent au même moment n'est pas exact ; on doit dire plutôt qu'ils se produisent au même moment parce qu'ils se correspondent, s'expriment mutuellement. On ne doit pas dire qu'un état de l'âme se pourrait produire en avance ou en retard sur l'état du corps qui y correspond, mais qu'il n'y a pas accord entre eux, simplement : cela serait d'ailleurs contradictoire, donc impossible. — Il ne faut pas enfin se figurer, comme Bayle, qu'une telle harmonie préétablie dépasserait la puissance de Dieu : l'harmonie préétablie est au contraire la meilleure preuve *a posteriori* que nous puissions donner de l'existence de Dieu, conçu comme un être qui se représente la totalité des rapports entre les substances. Au fond, il ne s'agissait point, étant posées les substances, de les modifier et conformer de façon à ce qu'elles s'accordent ; les substances ne sont que des centres de rapports, et les rapports ont été posés au moins en même temps qu'elles.

A la lumière de la théorie des substances, nous comprenons mieux la nature de nos idées et leurs différences. Les monades s'expriment mutuellement, et, toutefois, elles ne sortent jamais d'elles-mêmes. Lorsqu'une monade, lorsque notre âme, en particulier, est active, elle ne transporte rien de son contenu dans ce qui l'entoure, mais elle s'aperçoit elle-même plus distinctement à proportion de son activité, parce que sa nature représentative est alors le moins troublée, le moins limitée, parce que les perceptions des monades en relations avec elle sont plus faibles, plus bornées ; alors notre âme se représente le moi, la substance, l'activité, les notions primitives. Toutefois, elle n'est point active absolument, et c'est toujours dans sa relation avec les autres substances, c'est-à-dire en tant qu'activité finie, qu'elle se connaît ; ses perceptions distinctes sont toujours accompagnées de perceptions confuses, mais subordonnées, et d'autant plus nombreuses que l'activité de l'âme est plus grande ; en d'autres termes, l'âme active se représente l'activité non sous la forme d'un rapport dont un des termes, celui qui exerce l'action, serait indéterminé, c'est-à-dire l'activité en général ; elle a toujours une perception de ce qu'il y a de propre, de singulier, de défini dans son activité ; tandis qu'elle agit, elle réagit en quelque sorte sur elle-même : réaction aussi spontanée que l'action qui en est le principe, comme si les barrières de sa nature se fortifiaient au moment même où elle menace de les franchir : Inversement, lorsque notre âme est passive, elle exprime l'activité des monades qui se trouvent en relations avec elle, mais rien de ces monades ne passe directement dans sa nature. A vrai dire, l'âme reste active, même quand elle pâtit, même en ce qu'elle pâtit, car les idées confuses qui paraissent l'envahir alors proviennent en réalité de son fonds. S'il n'y avait, dans l'âme, l'occupant tout entière, qu'un ensemble d'idées confuses, l'âme ne serait plus elle : on ne comprendrait plus qu'elle rattache le lien rompu de son identité ; on ne comprendrait pas surtout qu'elle pâtisse, car pâtir, c'est être affecté dans sa nature ; la nature de la monade, c'est-à-dire la perception et la tendance à passer à des perceptions nouvelles, subsiste donc. Le rapport qui s'établit entre deux monades, l'une passive et l'autre active, tel qu'il est représenté dans la monade passive, doit se déterminer sous l'influence des deux substances, non seulement de celle qui agit, mais aussi de celle qui pâtit ; qu'un corps en choqua deux autres, il nous semble que ce rapport, dans les deux cas, est le même : c'est une vue superficielle ; qu'une substance soit active à l'égard de deux autres, jamais les passions de ces deux autres ne seront identiques, car chacune résiste, en vertu de sa nature propre, à la limitation qu'elle éprouve. Ce n'est pas la passivité en général, mais sa passivité propre qu'elle se représente. — On voit que les idées, distinctes et confuses, ne sont, en somme, que des points de vue différents sur l'âme tout entière, active et passive en même temps ; on voit quel rapport d'étroite solidarité les unit. Il est même inexact de les concevoir comme des représentations qu'on pourrait numéroter et compter ; elles ne forment pas des agrégats, mais s'organisent les unes avec les autres selon certaines hiérarchies ; par là même, elles reflètent très exactement la position et les changements de position des monades les unes par rapport aux autres.

En effet, il est vrai qu'en vertu de la liaison qu'il y a entre toutes les parties de l'univers, les monades « vont toutes confusément à l'infini, au tout » ; leur représentation « ne peut être distincte que dans une petite partie des choses, c'est-à-dire dans celles qui sont ou les plus prochaines, ou les plus grandes, par rapport à chacune des monades ; autrement chaque monade serait une divinité ». Or, si nous considérons un corps matériel quelconque, il faut que, de toutes les monades dont il symbolise les rapports, l'une puisse être considérée comme dominante, en ce qu'elle a des perceptions plus distinctes que les autres. Quand la monade dominante est capable de perceptions distinctes et de mémoire, elle est une *âme* et forme avec le corps ce qu'on appelle un *animal :* quand elle est incapable de tout cela, elle n'est qu'une *entéléchie* , et forme avec le corps ce qu'on peut appeler un *vivant.* Or cela doit être vrai, non seulement de chaque corps, mais de chaque partie de corps, et comme « chaque portion de la matière n'est pas seulement divisible à l'infini, comme les anciens ont reconnu, mais encore sous-divisée actuellement sans fin, chaque partie en parties, dont chacune a quelque mouvement propre, autrement il serait impossible que chaque portion de la matière pût exprimer l'univers », il faut convenir que « chaque corps organique d'un vivant est une espèce de machine divine ou un automate naturel qui surpasse infiniment tous les automates artificiels, parce qu'une machine faite par l'art de l'homme n'est pas machine dans chacune de ses parties... Mais les machines de la nature, c'est-à-dire les corps vivants, sont encore machines dans leurs moindres parties, jusqu'à l'infini... Chaque portion de la matière peut être conçue comme un jardin plein de plantes et comme un étang plein de poissons. Mais chaque rameau de la plante, chaque membre de l'animal, chaque goutte de ses humeurs est encore un tel jardin ou un tel étang. Et quoique la terre et l'air interceptés entre les plantes du jardin, ou l'eau interceptée entre les poissons de l'étang, ne soient point plante ni poisson, ils en contiennent pourtant encore, mais le plus souvent d'une subtilité à nous imperceptible. Ainsi il n'y a rien d'inculte, de stérile, de mort, dans l'univers... » C'est en cela que « les composés symbolisent avec les simples ». — Dès lors nous comprenons mieux la théorie de la matière telle que Leibniz l'a constituée. La matière première est l'élément confus qui entre dans toute substance individuelle, c'est une propriété abstraite. La matière seconde, c'est le fond d'activité qui est dans la matière, c'est-à-dire l'ensemble des monades qui font un organisme ; mais comme chacune de ces monades est aussi une monade centrale, par rapport à d'autres organismes, et ainsi de suite à l'infini, la matière seconde correspond à une vision confuse de la réalité. L'entéléchie jointe à la matière première, c'est la substance. La matière seconde, c'est un composé de substances, mais ce composé n'a point une réalité substantielle.

Il y a donc un rapport spécial, plus ou moins étroit, entre le corps et la monade centrale. L'âme connaît mieux son propre corps que tout le reste et ne s'aperçoit des autres corps que par le rapport qu'ils ont au sien : « Aussi ne connaît-on les satellites de Saturne ou de Jupiter que suivant un mouvement qui se fait dans nos yeux. » Ce rapport toutefois est-il un lien indissoluble, l'âme peut-elle exister sans le corps, la dissolution du corps entraîne-t-elle l'anéantissement de l'âme ? Leibniz ne croit pas que l'âme puisse exister sans aucun corps organique ; il n'est point partisan du passage des âmes d'un corps dans l'autre (métempsychose) et attribue aux anges eux-mêmes une espèce de corps. Il n'est pourtant point d'avis que l'âme est créée avec l'organisme et détruite avec lui. L'organisme n'a point de stabilité : « des parties y entrent et en sortent continuellement ». De même (et les recherches exactes faites sur les plantes, les insectes et les animaux suggèrent cette analogie) « il n'y a jamais ni génération entière, ni mort parfaite prise à la rigueur... et ce que nous appelons *générations* sont des développements et des accroissements, comme ce que nous appelons *morts* sont des enveloppements et diminutions ». Les principes posés nous autorisent à ne pas trouver étrange « qu'il y ait quelque chose d'animé dans les cendres mêmes, et que le feu peut transformer un animal et le réduire en petit, au lieu de le détruire entièrement ». Toute monade est indestructible, puisqu'elle est le miroir d'un univers indestructible. Mais l'âme humaine, en particulier, n'est pas seulement indestructible : elle est immortelle, en ce qu'elle conserve toujours la conscience de soi et le souvenir. Et Leibniz pense, au fond, que, de même, avant la naissance, l'âme humaine à venir se distingue des autres monades. « Je croirais que les âmes, qui seront un jour âmes humaines... ont été dans les semences et dans les ancêtres jusqu'à Adam, et ont existé, par conséquent, depuis le commencement des choses, toujours dans une manière de corps organisé. » Et, sans doute, avant la naissance, l'âme était seulement sensitive ; mais, pour expliquer comment elle devient raisonnable, au lieu de faire appel à l'opération extraordinaire de Dieu, Leibniz aime mieux concevoir « que dans ce grand nombre d'âmes et d'animaux, ou du moins de corps organiques vivants qui sont dans les semences, ces âmes seules qui sont destinées à parvenir un jour à la nature humaine *enveloppent la raison* qui y paraîtra un jour ».

Nous pouvons dire que, dans la substance, la forme d'activité par excellence est la mémoire, et qu'à mesure qu'une substance est moins active elle devient moins capable de souvenir. Mais, réciproquement, on ne se souvient qu'à condition d'opposer à l'état présent les souvenirs, ou plutôt, dans l'état présent lui-même, à l'activité de l'âme qui tend vers des perceptions plus claires, sa passivité, c'est-à-dire les idées confuses dont elle s'écarte. Or c'est bien ce qui caractérise l'âme humaine ; tout se passe comme si elle n'était jamais dans l'instant présent, comme si elle était la continuité même par où le passé se prolonge dans l'avenir. La monade, au contraire, à son plus bas degré d'activité, est incapable de retenir la perception qui la quitte pour la lier et la comparer à la perception où elle entre ; les états par lesquels elle passe d'un moment à l'autre sont à ce point semblables, en leur confusion, ses changements importants exigent un si long temps et se résolvent en une telle quantité de petites modifications insensibles et lentes qu'en elle rien n'est distinct, pas même la succession de ses états : elle est perpétuellement dans l'instant actuel, telle l'âme dans le sommeil. C'est en ce sens que Leibniz a pu dire, considérant le corps comme la limite où tend une substance ainsi dégradée : *omne corpus est mens momentanea.* Tant il est vrai que l'observation directe de l'âme humaine est à la base de toute cette théorie.

V

LA LIBERTÉ

« Il y a, dit Leibniz, deux labyrinthes fameux où notre raison s'égare bien souvent : l'un regarde la grande question du *libre* et du *nécessaire,* surtout dans la production et dans l'origine du mal ; l'autre consiste dans la discussion de la *continuité* et des *indivisibles* qui en paraissent les éléments, et où doit entrer la considération de l'*infini.* Le premier embarrasse presque tout le genre humain, l'autre n'exerce que les philosophes. » Or, le problème de la liberté est sans doute le plus complexe de tous, puisque, pour le résoudre, il faut s'être fait une représentation particulière des lois du mouvement et du jeu de notre esprit, aussi bien que du rapport de notre substance à toutes les autres et à Dieu ; la question est de savoir si chacune de ces représentations réserve, ou non, une place à la liberté de l'homme ; dans ce problème, on peut dire que toutes les parties de la doctrine de Leibniz viennent se confronter, chacune exprimant, de son point de vue, la possibilité ou la réalité de la liberté, et l'ensemble de tous ces aspects en faisant connaître la réelle nature.

Chez Descartes et chez Spinoza, le problème de la liberté s'est posé en des termes tels que l'existence d'une pareille puissance irréductible à la nécessité devenait soit inacceptable, comme chez le second, soit inintelligible, comme chez le premier. Ces deux philosophes considéraient en effet l'intelligence humaine uniquement comme la faculté de rattacher par des rapports nécessaires des idées abstraites, modes de l'entendement logique rigoureusement déterminés l'un par l'autre, idées claires et distinctes telles que les propositions mathématiques. Dès lors, ou bien la volonté n'est rien que l'intelligence ainsi comprise : c'est la doctrine de Spinoza, *intellectus idem est ac voluntas.* toutes nos actions sont logiquement nécessaires, et, par leur nature, ne se distinguent en rien de nos idées et de nos jugements ; ou bien la volonté est autre chose que l'intelligence : c'est la doctrine de Descartes, qui attribue à l'homme ce qu'il appelle la liberté d'indifférence ; la volonté, l'action, seraient dans un état de parfait équilibre. Mais cette indétermination absolue confine au non-être : Descartes di lui-même qu'elle est le plus bas degré de la liberté ; pour lui, en somme, tout ce qu'il y a de positif dans l'action volontaire, c'est la conformité au vrai, l'obéissance aux lois de l'entendement. On peut se demander si cette théorie, où la liberté d'indifférence et son contraire se trouvent ainsi rattachés dans la même action, n'est point une façon d'exprimer que suivant lui l'action volontaire est inintelligible, comme l'union du corps et de l'âme en général. Mais l'entendement n'est-il que la faculté d'enchaîner logiquement des notions claires et distinctes ? Tout ce qu'il y a de positif, de réel, dans l'âme, se ramène-t-il à des relations nécessaires entre idées abstraites ? Le problème du rapport entre l'intelligible et le donné est fondamental chez Leibniz ; il en a donné une solution nouvelle ; il faut par suite s'attendre à trouver chez lui une doctrine originale de la liberté.

C'est à la thèse de la liberté d'indifférence qu'il s'attaque surtout, parce qu'elle heurte les principes qu'il considère comme les plus assurés. Elle repose, chez ses auteurs, sur l'observation exacte d'un caractère de l'action libre, de la délibération ; l'erreur vient de ce qu'ils ont cru que la volonté attendait en quelque sorte que la délibération fût terminée, sans en être, pendant qu'elle dure, le moins du monde influencée, de même que le mathématicien suspend sa réponse entièrement, avant que la démonstration soit achevée. Mais les idées ne sont pas inactives : une idée est un commencement d'action, d'autant plus effectif qu'elle est plus distincte ; sans cela on ne comprendrait point qu'une action en général pût se produire. Il est d'abord inconcevable qu'à un moment donné nous nous trouvions dans un état d'équilibre tel : les forces qui nous sollicitent en des sens contraires ne peuvent être identiques ; il n'y a pas deux représentations indiscernables. Mais, même en admettant qu'un tel état puisse se produire et durer, jamais on n'expliquera qu'une action en résulte : deux idées identiques, ou du moins également importantes, se réaliseront toutes deux ; si elles se contredisent, aucune ne se réalisera, car il n'y a pas, pour agir dans un sens plutôt que dans l'autre, de raison suffisante ; et, si l'on admet que le résultat de la délibération est justement de rompre l'équilibre, en ajoutant d'un côté le poids des motifs reconnus les plus importants, il est certain qu'au cours même de la délibération nos préférences ont été tantôt d'un côté, tantôt de l'autre, que dès lors l'équilibre n'était jamais réalisé. Il est vrai que nous n'apercevons pas toujours distinctement les raisons de nos préférences, que dans certains cas notre conduite n'a pas de motifs apparents. En faut-il conclure que ces motifs et ces raisons n'existent pas ? Déjà, lorsqu'il s'agit de désirs et de sentiments, nous n'apercevons distinctement ni leur force, ni leur signification ; par suite, nous ne savons pas bien pourquoi nous les avons suivis. « Comme la morale est plus importante que l'arithmétique, Dieu a donné à l'homme des instincts qui portent d'abord et sans raisonnement à quelque chose de ce que la raison ordonné. Comme nous mangeons non seulement parce que cela nous est nécessaire, mais encore et bien plus parce que cela nous fait plaisir... Dans le fond, ces impressions, quelque naturelles qu'elles puissent être, ne sont que des aides à la raison et des indices du conseil de la nature... Tout sentiment est la perception d'une vérité. » Toutes ces impulsions sont de même espèce que les raisons fournies par l'intelligence, et nous déterminent avec la même force, n'étant toujours au fond que la représentation obscure d'un bien. Mais même les actions qui nous paraissent les plus indifférentes, et auxquelles ne s'attache directement aucun plaisir et aucune peine, comme le fait de sortir d'une chambre en levant d'abord un pied plutôt que l'autre, ne laissent pas d'être déterminées. Nous sommes perpétuellement dans un état que l'on pourrait appeler d'inquiétude, en écartant de cette idée tout ce qui peut être de la douleur. « Je trouve, dit Leibniz, que l'inquiétude est essentielle à la félicité des créatures, laquelle ne consiste jamais dans une parfaite possession, qui les rendrait insensibles et comme stupides, mais dans un progrès continuel et non interrompu à de plus grands biens, qui ne peut manquer d'être accompagné d'un désir ou du moins d'une inquiétude continuelle, mais telle que je viens d'expliquer, qui ne va pas jusqu'à incommoder, mais qui se borne à ces éléments ou rudiments de la douleur, inappréciables à part, lesquels ne laissent pas d'être suffisants pour servir d'aiguillon et pour exciter la volonté, comme fait l'appétit dans un homme qui se porte bien, lorsqu'il ne va pas jusqu'à cette incommodité, qui nous rend impatients et nous tourmente par un trop grand attachement à l'idée de ce qui nous manque. » Ces petites impulsions, auxquelles nous ne pensons pas, agissent néanmoins toujours en nous. D'où une série de petits succès insensibles remportés par la nature, « qui se met toujours plus à son aise », et qui sont les raisons véritables, quoique inaperçues, d'une quantité de nos actions. Ces tendances et désirs ne remplissent d'ailleurs pas seulement l'intervalle de nos délibérations raisonnées, elles se mêlent à nos idées distinctes, elles sont même la forme sous laquelle celles-ci se présentent d'abord à l'esprit. — En réalité, il n'est pas exact de distinguer dans l'âme l'entendement et la volonté : c'est l'âme tout entière qui agit et qui veut, qui s'oriente vers le bien, qui passe d'un bien inférieur à un bien plus grand ; dans cette vie complexe de l'âme, l'indifférence totale n'a point sa place.

S'il importe de distinguer indétermination et liberté, il ne faut pas toutefois confondre, comme Spinoza, nécessité et contingence. A considérer les propositions où s'expriment des vérités nécessaires, on s'aperçoit que toujours il s'agit de rapports entre des idées qui s'accordent ou s'excluent mutuellement, et que les choses posées comme compatibles ou incompatibles sont non des réalités existantes, mais des hypothèses : dire qu'A et non A sont contradictoires, c'est noter un désaccord entre la proposition A est A, et A est non A ; en d'autres termes, c'est noter que si A est A, A n'est pas non A ; toutes les vérités nécessaires sont telles. Mais aucun jugement d'existence (sauf, nous le verrons, l'affirmation de l'existence de Dieu) ne peut être appelé nécessaire en ce sens : car l'existence n'est pas une propriété qui se découvre dans l'idée de la chose, *prise à part,* chaque idée revendiquant au même titre que toute autre la réalisation de son objet. « Cette vérité conditionnelle, savoir : supposez que la balle soit en mouvement dans un horizon uni sans empêchement, elle continuera le même mouvement, peut passer pour nécessaire en quelque manière, quoique dans le fond cette conséquence ne soit pas entièrement géométrique, n'étant que présomptive, pour ainsi dire, et fondée sur la sagesse de Dieu, qui ne change pas son influence sans quelque raison, qu'on présume ne point trouver présentement. Mais cette proposition absolue : la balle que voici est maintenant en mouvement dans ce plan, n'est qu'une vérité contingente, et en ce sens la balle est un agent contingent non libre. » En effet, il ne serait pas le moins du monde contradictoire, à considérer le moment présent, de supposer que la balle fût immobile. — Si les faits physiques échappent ainsi à la nécessité géométrique, à plus forte raison les actes volontaires des hommes y sont-ils soustraits. L'action volontaire, en effet, n'est pas seulement un fait matériel qui se développe sous nos yeux et dont le contraire semble possible, sans illogisme, à ceux qui le voient du dehors. Il y a acte volontaire lorsqu'à une tendance spontanée se joint la réflexion : c'est le sujet qui agit lui-même, qui, au moment d'agir, est capable d'un retour sur lui-même, capable d'évoquer des pensées et images multiples propres à éclairer l'action qui se prépare, capable notamment de se représenter comme possible le contraire de cette action, ou son changement, quel qu'il soit. Lorsque cette réflexion se produit, et pour qu'elle puisse se produire, le temps qui doit s'écouler entre la velléité de l'acte et l'acte lui-même s'allonge nécessairement. Dès lors on conçoit que, de plusieurs façons, l'acte ne se produise pas. D'abord la longueur même du temps pendant lequel nous retenons notre décision peut être cause que notre volonté non seulement se suspende, mais s'abstienne : ou bien en effet la délibération est à ce point ardue que nous la remettons ; de délai en délai, le temps passe et l'on ne se décide pas : « c'est comme les aréopagistes absolvaient en effet cet homme dont ils avaient trouvé le procès trop difficile à juger, le renvoyant à un terme bien éloigné, et prenant cent ans pour y penser » ; ou les circonstances peuvent changer, si bien que nous n'ayons plus besoin de nous décider, et échappions ainsi à la nécessité (qui en est bien une) de répondre oui ou non. Sans même supposer que la situation reste la même si longtemps, ou se modifie à ce point, on voit que dans notre âme même l'ordre des déterminations se transforme le plus souvent : avant que les tendances se soient d'elles-mêmes opposées ou fondues, de façon à former comme en mécanique une direction composée, l'esprit peut user, dit Leibniz, de l'adresse des dichotomies, pour donner la supériorité tantôt aux unes, tantôt aux autres, « comme dans une assemblée on peut faire prévaloir quelque parti par la pluralité des voix, selon qu'on forme l'ordre des demandes. Il est vrai que l'esprit doit y pourvoir de loin ; car, dans le moment du combat, il n'est plus temps d'user de ces artifices » ; d'autre part, tandis que grandit l'intervalle entre la délibération et le mouvement, des représentations imprévues, des pensées volantes, peuvent surgir, « qui ne sont pas en notre pouvoir, et où il y a quelquefois bien des absurdités, qui donnent des scrupules aux gens de bien et de l'exercice aux casuistes et aux directeurs de conscience... Notre esprit, s'apercevant de quelque image qui lui revient, peut dire : halte-là, et l'arrêter pour ainsi dire. Mais cela s'entend quand les impressions internes ou externes ne prévalent point. Il est vrai qu'en cela les hommes diffèrent, tant suivant leur tempérament que suivant l'exercice qu'ils ont fait de leur empire, de sorte que l'un peut surmonter des impressions où l'autre se laisse aller. » Il n'est pas nécessaire, du reste, de se fier ainsi à l'imprévu ; sans doute on ne peut, sur le moment, changer son vouloir par un acte de volonté qui ne s'appuierait sur rien de solide : l'idée seule en est absurde ; mais on peut se préparer à vouloir plus tard, en dépit des mobiles contraires, ce qu'on veut actuellement. On peut dès maintenant donner de la force à ces idées sourdes, qui, lorsqu'elles ne sont pas accompagnées de représentations sensibles, ne nous apparaissent que comme des mots vides, et se résolvent en un psittacisme vain et inutile ; le problème serait, en somme, de faire désirer les vrais biens, en les représentant aux esprits d'une façon vive et frappante ; le tout serait de les faire valoir, de les mettre « en vogue et comme à la mode ». On peut s'habituer d'avance à ne penser que comme en passant à certaines choses, afin de « ne pas trop arrêter dans un pas glissant et dangereux » et de conserver sa liberté d'esprit. « Mais le meilleur est de s'accoutumer à procéder méthodiquement et à s'attacher à un train de pensées dont la raison, et non le hasard (c'est-à-dire les impressions insensibles et casuelles), fassent la liaison », si bien que l'habitude nous y porte avec force, et que nous éprouvions autant d'inquiétude à en être détournés « qu'un ivrogne en pourrait sentir, lorsqu'il est empêché d'aller au cabaret ». — Dès lors, il faut dire, contre Spinoza, que, si nos actes sont toujours déterminés, il n'y a pas entre la décision prise et l'ensemble des motifs considérés un rapport nécessaire comme entre la propriété d'une figure géométrique et cette figure même. Il nous apparaît que les raisons ne forcent pas notre vouloir, mais seulement l'inclinent ; sa spontanéité propre subsiste dans le choix qu'il fait de ce qu'il trouve le meilleur, et ce choix est d'autant plus réel qu'il s'exerce sur plus de partis possibles. S'il n'y avait aucun intervalle entre la tendance et l'acte, tout serait détermination nécessaire ; mais cet intervalle existe, il devient de plus en plus grand à proportion de la durée et de l'étendue de la réflexion, et c'est lui qui mesure la contingence de notre acte, c'est-à-dire le nombre de changements, non contradictoires en eux-mêmes, de la direction de notre volonté, qui se peuvent concevoir.

Leibniz, en somme, s'efforce de maintenir à la fois l'existence de la liberté et la valeur absolue du principe de raison suffisante, qui veut que rien n'arrive « sans qu'il y ait une raison pourquoi il en soit ainsi, et non autrement ». Y réussit-il, toutefois ? — Un partisan de la liberté d'indifférence pourrait raisonner ainsi : si l'on appelle libre un acte à l'accomplissement duquel préside une réflexion qui nous représente des actes différents comme possibles, on veut dire sans doute que la réflexion a dans ce cas une valeur, et comme un pouvoir propre, qu'en même temps qu'elle représente comme possibles des actes nouveaux elle les reconnaît par là comme aussi capables que l'acte présentement voulu de se réaliser ; qu'est-ce autre chose qu'une liberté d'indifférence virtuelle ? Si les actes représentés sont possibles, c'est que leurs représentations renferment tout ce qu'il faut pour qu'ils existent au même titre que d'autres : sinon leur possibilité est illusoire, et la délibération, une simple formalité. Mais de son côté un spinoziste pourrait soutenir que Leibniz a expliqué sans doute l'apparence de la liberté, mais n'a pas fondé la liberté elle-même entant qu'elle s'oppose à la nécessité. Remarquons que tout acte, pour Leibniz, s'explique par des causes, qu'elles soient connues ou imperceptibles ; qu'en tout cas ces causes doivent suffire à en rendre compte. Pourquoi dit-il alors que la volonté est seulement inclinée ? Est-ce parce que nous ne saisissons pas immédiatement entre nos actes et nos pensées ou motifs un rapport de forme géométrique ? Cela peut prouver notre ignorance, et rien d'autre. Quand nous disons que le contraire d'un acte n'est pas contradictoire, nous devrions ajouter qu'il ne l'est pas pour nous : nous n'avons pas le droit d'affirmer qu'il n'est pas vrai qu'il le soit pour une intelligence capable d'embrasser l'ensemble des pensées et des mouvements de l'univers. Pour établir que les possibilités dont il s'agit ne sont pas des illusions, et toutefois ne contiennent point en elles la puissance de se réaliser, c'est bien au point de vue de cette intelligence suprême qu'il se faut placer : il faut d'abord mesurer l'écart qui existe entre l'acte nécessaire et l'acte contingent par rapport à Dieu.

Spinoza disait que tout ce qui est possible se réalise nécessairement, que, par suite, tout acte, humain ou autre, se rattache par des liens purement logiques à l'ensemble des possibles, et n'existe, comme eux, qu'en vertu du principe de contradiction. Leibniz déclare cette doctrine insoutenable. Je peux concevoir, en effet, comme possibles une infinité de mondes, autant, par exemple, qu'il en faut pour que toutes les formes possibles de mon activité se réalisent. Or ces mondes n'existent pas, ils sont exclus de l'existence par le monde actuel, seul réel. C'est ainsi que je puis me multiplier en imagination, concevoir que j'agisse très différemment et sois tout autre en restant moi : tous ces êtres sont concevables, mais se trouvent tous exclus de l'existence par l'être réel que je suis. C'est dire que la *raison suffisante* des réalités se doit trouver ailleurs que dans les idées possibles, savoir « dans les vérités contingentes ou de fait, c'est-à-dire dans la suite des choses répandues par l'univers des créatures, où la résolution en raisons particulières pourrait aller à un détail sans bornes, à cause de la variété immense des choses de la nature et de la division des corps à l'infini. Il y a une infinité de figures et de mouvements présents et passés qui entrent dans la cause efficiente de mon écriture présente, et il y a une infinité de petites inclinations et dispositions de mon âme présentes et passées qui entrent dans la cause finale. » Comme la raison de tout ce détail se trouve dans d'autres choses, « dont chacune a encore besoin d'une analyse semblable pour en rendre raison », il faut bien que la raison dernière de tout cela se trouve hors de la série, dans une substance nécessaire qui soit la source de tous ces changements. C'est ainsi qu'on démontre *a posteriori* l'existence de Dieu, en partant des choses existantes. — Mais l'existence de Dieu n'est pas moins nécessaire pour rendre compte des essences, c'est-à-dire des possibilités et des vérités nécessaires qui les concernent. Déjà Descartes avait démontré que, si Dieu est possible, il existe : en effet, « s'il y a une réalité dans les essences ou possibilités » en nombre infini, il faut bien que cette réalité soit fondée « dans quelque chose d'existant et d'actuel ». Mais Dieu est-il possible ? C'est ce que Descartes n'avait point fait voir, et ce qui est toutefois la base même de cette preuve. En effet, si toutes les possibilités ne pouvaient pas être posées en même temps comme telles, si la possibilité de certaines essences excluait la possibilité de certaines autres, Dieu, c'est-à-dire l'ensemble de toutes les essences, ne serait pas lui-même possible. Or il n'en est rien, car, avant de se réaliser ou de s'y efforcer, les possibles n'enferment « aucune borne, aucun négation, et, par conséquent, aucune contradiction ». C'est ainsi qu'on peut démontrer *a priori* l'existence de Dieu en partant des essences. — Ces démonstrations de l'existence de Dieu permettent de distinguer en lui, outre sa puissance, « qui est la source de tout », « sa connaissance, qui contient le détail des idées, et enfin sa volonté, qui fait les changements ou productions ». En effet, Spinoza avait tort de ne pas distinguer en Dieu l'entendement de la volonté : toutes les monades créées sont des productions de Dieu ; elles « naissent, pour ainsi dire, par des fulgurations continuelles de la divinité de moment à moment » ; mais l'action créatrice de Dieu est « bornée par la réceptivité de la créature à laquelle il est essentiel d'être limitée. » Dieu ne réalise donc pas tous les possibles qui sont dans son entendement. Descartes commettait l'erreur inverse, lorsqu'il subordonnait, en Dieu, l'entendement à la volonté, comme si Dieu avait créé les possibles, en tant que possibles, par un libre décret ;

en réalité, la vérité n'est pas l'œuvre de la volonté divine, qui n'est, chez lui, que le pouvoir de créer des existences ; il faut dire que la volonté de Dieu se détermine en vertu de ce que lui représente son entendement, car il est inintelligible que Dieu fasse quelque chose sans raison.

Mais puisque Dieu, en créant le monde, n'agit pas arbitrairement et toutefois n'obéit pas à une nécessité logique rigoureuse, de quelle sorte est la raison qui le guide ? Il s'agit ici de déterminer la signification du principe de raison suffisante, en tant qu'il s'applique à la création du monde. Nous savons que ce principe, formulé logiquement, pose qu'on doit trouver, dans la notion des termes d'une proposition et par simple analyse de ces termes, la raison de leur connexion. Il faut savoir, dans le cas qui nous occupe, pourquoi tels possibles, parmi tous les autres, ont été appelés à l'existence. Ce ne peut être que parce que, dans la notion de ces possibles particuliers, étaient compris certains caractères qui leur assuraient sur tous les autres une supériorité. Leibniz dit, à diverses reprises, que ces caractères sont la convenance, le degré de perfection que ces mondes contiennent. Mais il précise, ailleurs, ce qu'il entend par là. « Dieu a choisi celui d mondes possibles] qui est le plus parfait, c'est-à-dire celui qui est en même temps le plus simple en hypothèses et le plus riche en phénomènes, comme pourrait être une ligne de géométrie, dont la construction serait aisée et les propriétés et effets seraient fort admirables et d'une grande étendue. » Voici ce que cela veut dire. Lorsque les possibles sont réalisés, ou tendent à l'être, un grand nombre d'incompatibilités se révèlent entre eux ; le monde, quel qu'il soit, comprendra ces choses seules qui sont non seulement possibles en elles-mêmes, mais encore compatibles entre elles, ou *compossibles* : de là une première sélection. En second lieu, l'existence étant par elle-même préférable à la non-existence, puisqu'il y a un monde, Dieu cherchera à créer le plus d'êtres qu'il se pourra ; mais l'ordre et la convenance des parties n'étant pas de moindres perfections, la création, en même temps que très abondante, devra révéler une organisation intelligente. Tout se passera donc comme si Dieu s'était efforcé de résoudre un de ces problèmes de maximum et de minimum qu'on rencontre parfois dans les mathématiques, comme dans ces jeux encore où il s'agit de couvrir un espace donné avec des jetons, de manière à occuper le plus de surface ou à faire tenir le plus de jetons possibles dans une même aire. Leibniz, dans les comparaisons dont il se sert ici, insiste parfois surtout sur la grande quantité de production : c'est, dit-il, comme lorsque plusieurs poids luttent entre eux ; le mouvement qui résultera de ce conflit est celui qui fera descendre le plus possible le centre de gravité de tout le système. Parfois, il met en relief la simplicité des moyens : c'est ainsi qu'en optique il montre qu'on peut, sans connaître la nature intime de la lumière, découvrir toutefois les lois de son mouvement, en s'appuyant sur ce principe que la nature essaie toujours d'obtenir le plus d'effet avec le moins de dépense ; ainsi on peut prévoir et on constate que, du foyer lumineux au point éclairé, la lumière suit le chemin le plus aisé et le plus rapide. — Est-ce à dire que ce soient en somme des considérations mathématiques qui interviennent ici, et que le principe de raison suffisante tire toute sa force et son contenu réel du principe de contradiction qui s'applique en géométrie ? Il ne le semble pas, car ces rapports de détermination, de régularité, de simplicité diffèrent autant des rapports mathématiques que la ressemblance de l'identité ; nous sommes ici dans le domaine de la qualité, et, si les exemples cités par Leibniz sont empruntés souvent à l'arithmétique ou à la géométrie, c'est que, dans ces sciences même, il y a déjà des données qui ne sont pas purement logiques ; c'est aussi que nous n'avons pas encore constitué le calcul universel qui doit s'appliquer aux qualités en question. Au reste, ce calcul, tel que nous pouvons l'espérer, ne sera jamais entièrement adéquat à ces objets. Car, pour expliquer les choses contingentes, il faut connaître leur convenance avec l'ensemble des choses réelles, avec toutes les parties du meilleur monde possible ; il faut donc les rattacher, par cet ordre nouveau de rapports, non seulement à ce qui les entoure immédiatement dans l'espace et dans le temps, mais à tout ce qui est, et même à tout ce qui est possible. C'est une analyse infinie comme le monde, qui n'est jamais faite, jamais terminée, sinon par Dieu. A Dieu seul se présentent tous les possibles, lui seul est capable d'envisager à la fois tous leurs rapports de convenance et de perfection, et le résultat de son calcul est la création : *dum Deus calculat, fit mundus.*

— Dès lors s'explique à la fois l'illusion et la réalité de la liberté : l'illusion, car tel acte à venir nous apparaît comme indéterminé parce que nous n'en connaissons pas les raisons infiniment nombreuses ; la réalité, parce que ces raisons n'ont avec lui que des relations qualitatives, non mathématiques. Il y aune détermination, en vertu du principe de raison suffisante, qui exclut la nécessité, qui domine le monde réel en son ensemble, et qui est compatible avec la liberté.

Mais tout fait contingent, ou non nécessaire, n'est point par cela seul un acte libre. Il faut maintenant marquer l'écart qu'il y a entre contingence et liberté, ou du moins ce qu'il y a de plus dans la liberté que dans la contingence. — Lorsqu'il s'agit de la création des hommes, substances individuelles auxquelles nous reconnaissons la liberté, les principes déjà exposés suffisent-ils pour en rendre compte ? Dieu n'est pas comme un homme qui prend des résolutions selon les occurrences ; il ne faut pas se représenter que Dieu, à chaque instant, crée chaque homme à nouveau, par une volonté indépendante, ce qui serait comme un miracle toujours renouvelé ; il ne faut pas se représenter non plus que la nature et les manières d'être de chaque homme résultent à chaque instant des influences multiples exercées sur lui du dehors par les autres choses, ce qui serait contraire à la doctrine de la monade, substance simple. Dès lors, il faut admettre qu'à chaque homme correspond dès l'origine une notion individuelle, qui enferme une fois pour toutes tout ce qui lui arrivera, à lui et à sa postérité ; lorsque Dieu crée un homme, il choisit cette notion individuelle dans le domaine des possibles et décide de la réaliser. — Il faut distinguer soigneusement une telle notion de toutes celles qui se trouvent dans les mathématiques ou dans la logique. La notion d'homme, en général, enferme des vérités éternelles et nécessaires, telles que la faculté de penser comme attribut de la nature humaine. Entre cette notion abstraite et celle d'un homme particulier, il y a autant de différence qu'entre la notion de l'essence de la sphère et la notion de la sphère qu'Archimède a fait mettre sur son tombeau : celle-ci comprend toutes sortes de circonstances d'espace et de lieu, sa réalisation est liée à toute une série de faits contingents ; et il en est de même de la notion individuelle d'un homme, de la notion d'Adam, par exemple. En réalité, lorsque Dieu choisit Adam, il a égard à tous les objets et tous les hommes avec lesquels Adam entrera en rapports ; il a égard à toute sa postérité ; il choisit en même temps l'un et les autres. « Je me servirai, dit Leibniz, d'une comparaison. Un prince sage qui choisit un général dont il sait les liaisons choisit en effet et en même temps quelques colonels et capitaines qu'il sait bien que ce général recommandera et qu'il ne voudra pas lui refuser pour certaines raisons de prudence qui ne détruisent pourtant point son pouvoir absolu, ni sa liberté. Tout cela a lieu en Dieu par plus forte raison. » — Ceci nous permet même d'aller plus loin et de comprendre comment la liberté de Dieu et la liberté de l'homme sont sauvegardées dans une pareille doctrine. Dieu crée le monde et l'homme par une série de décrets, mais ces décrets ne sont pas forcément aussi nombreux que les événements du monde ou les actes d'Adam ; certains déterminent une très grande quantité de faits : ce sont ceux par lesquels existent les lois de la nature ; certains en déterminent un moins grand nombre, et parfois un seul : tels les décrets qui visent les miracles. Mais l'existence de ces décrets particuliers de Dieu est parfaitement conciliable avec la création du monde par une volonté générale qui le choisit en une fois, parmi beaucoup d'autres possibles. En effet, dans l'entendement divin qui renferme tous les possibles sont déjà inscrits, en quelque sorte, les choix libres et les décrets délibérés qui seront ceux de Dieu, avec leur caractère de libres et de délibérés ; et ces décrets sont aussi des raisons, parmi les autres, qui déterminent Dieu à porter son choix sur la notion d'un monde où ils se trouvent ainsi prévus. La liberté divine reste ainsi entière après le choix, puisque le choix a été fait en vue d'assurer son exercice et de réaliser ses conséquences. Mais de même, dans la notion individuelle d'Adam ou de tout homme, sont déjà inscrits les choix qu'il fera librement ; Dieu, qui pénètre tous les replis de l'entendement humain dès l'origine, y lit avec certitude, au moment où il l'appelle à l'existence, toutes les manifestations à venir de sa liberté, et cette prévision divine, loin de porter préjudice à la liberté humaine, est le seul moyen dont Dieu dispose pour en assurer le développement. D'ailleurs, comme les volontés de Dieu ne sont pas « détachées l'une de l'autre », il

faut admettre qu'il y a en lui « une volonté plus générale et plus compré-
hensive » qu'il a à l'égard de l'ordre entier de l'Univers (l'Univers étant
« comme un tout qu'il pénètre d'une seule vue »), qui « comprend vir-
tuellement les autres volontés touchant ce qui y entre » ; « même on peut
dire que les volontés du particulier ne diffèrent de la volonté du général
que par un simple rapport, et à peu près comme la situation d'une ville
considérée d'un certain point de vue diffère de son plan géométral ; car
elles expriment toutes l'Univers, comme chaque situation exprime la
ville ».

Ainsi, ce qui caractérise l'acte libre, ce qui permet de le distinguer du
fait simplement contingent, c'est que celui-ci n'est régi que par le grand
principe de raison suffisante en tant qu'il concerne l'ensemble du
monde, tandis que celui-là marque une application de ce principe au second degré, c'est-à-dire dans le monde limité qu'est l'âme humaine. Il
exige, dirons-nous, au moins deux décrets de Dieu : l'un créant le
monde pour des raisons de convenance générale ; l'autre, répété chaque
fois qu'un être raisonnable naît, créant cet être pour des raisons de
convenance qui lui sont propres. Sans doute, ces décrets ne sont distingués ainsi que par abstraction, la création ne s'effectuant point par parties et à diverses reprises. Mais cette séparation des points de vue est
toutefois légitime, car « toute substance individuelle exprime l'Univers
tout entier à sa manière ;... son état suivant est une suite (quoique libre
ou bien contingente) de son état précédent, comme s'il n'y avait que
Dieu et elle au monde ; ainsi chaque substance individuelle ou être complet est comme un monde à part, indépendant de toute autre chose que
de Dieu ». Or cela est d'autant plus vrai que la notion de la substance
considérée contient un plus grand nombre des raisons qui ont déterminé
Dieu à créer le monde comme il l'a fait ; cela est donc vrai surtout de
l'âme humaine, puisque c'est dans sa raison, dans l'enchaînement de ses
idées et l'ordre de sa conduite que se rencontrent en plus grand nombre,
et au plus haut degré de perfection, cette convenance et cet ordre en vue
desquels la création s'est effectuée. « Les esprits sont encore images de la
divinité même, ou de l'auteur même de la nature, capables de connaître

le système de l'Univers et d'en imiter quelque chose par des échantillons architectoniques, chaque esprit étant comme une petite divinité dans son département. » De sorte que, des deux espèces de décrets divins, ceux par lesquels Dieu crée l'ensemble des choses contingentes nous apparaissent comme idéalement subordonnés à ceux par lesquels il appelle à l'existence les créatures libres.

VI

L'OPTIMISME

Ce n'est point par hasard, c'est-à-dire pour des raisons de chance ou de tempérament, que Leibniz en vint à une appréciation optimiste des événements naturels et humains : sa philosophie tout entière l'y inclinait. Il ne croyait pas, comme Spinoza, que les êtres sont ce qu'ils sont en vertu d'une nécessité inéluctable, ni, comme Descartes, que le monde résulte à chaque instant d'un décret entièrement arbitraire de Dieu : tout l'univers lui apparaissait exprimer en toutes ses parties de la spontanéité et de l'intelligence, et il ne mettait point autre chose en Dieu. Dès lors il était naturel qu'il s'efforçât de résoudre, en conformité avec ces vues, le problème du mal, qui pour lui se posait ainsi : puisque Dieu a créé le monde en le choisissant parmi tous les possibles en raison de sa perfection, pourquoi subsiste-t-il dans le monde tant de défauts et de désordres apparents ?

Leibniz distingue le mal en trois espèces : le mal physique, à savoir la souffrance ; le mal métaphysique, c'est-à-dire les imperfections visibles de l'Univers ; le mal moral, ou le péché. — Pour les deux premiers, on peut d'abord se demander si nous ne nous trompons pas bien souvent, à la fois ou séparément, sur leur nature et sur leur quantité, Il faut noter, en ce qui concerne la souffrance, que chez les animaux elle ne peut être fort vive, parce qu'elle n'est pas accompagnée de réflexion ; or les hommes sont quelquefois dans un état qui les approche des bêtes et où ils n'agissent guère que par instinct : dans cet état, leurs plaisirs et leurs douleurs sont fort minces. Mais la raison, la volonté, peuvent beaucoup contre la souffrance : elles nous élèvent réellement à un degré d'insensibilité où les plus cruels tourments ne peuvent rien sur nous. Ainsi se trouve déjà singulièrement restreint le champ des peines physiques. Mais on peut encore se demander si le bien physique consiste uniquement dans le plaisir ; beaucoup sont de cette opinion, mais je pense, dit Leibniz, qu'il se trouve encore « dans un état moyen, tel que celui de la santé ». Ne pas souffrir est déjà un bien, et, si nous ne nous en apercevons pas, ce n'est que par défaut d'attention. Si la souffrance était l'ordinaire et la santé l'exception, nous jouirions autant de celle-ci que du plaisir le plus vif, et mieux vaut, en somme, que la santé soit ordinaire et la souffrance rare. « Si nous n'avions point la connaissance de la vie future, il se trouverait peu de personnes qui ne fussent contentes à l'article de la mort de reprendre la vie, à condition de repasser par la même valeur des biens et des maux, pourvu surtout que ce ne fût point par la même espèce : on se contenterait de varier, sans exiger une meilleure condition que celle où l'on avait été. » — Le mal physique, si restreint soit-il, existe pourtant, et on peut se demander s'il n'était pas possible de le supprimer entièrement. Écartons provisoirement les réponses de ceux qui expliquent la souffrance comme une peine méritée par la faute, et comme un moyen d'amendement, car nous ne savons pas encore si le péché lui-même est nécessaire. Mais déjà nous pouvons constater qu'entre certains plaisirs et la douleur il y a un rapport étroit, si bien que ceux-ci ne seraient point possibles sans celle-là. « Un peu d'acide, d'âcre ou d'amer, plaît souvent mieux que du sucre ; les ombres rehaussent les couleurs, et même une dissonance placée où il faut donne du relief à l'harmonie. Nous voulons être effrayés par des danseurs de corde qui sont sur le point de tomber, et nous voulons que les tragédies nous fassent presque pleurer. Goûte-t-on assez la santé, et rend-on assez grâce à Dieu sans jamais avoir été malade ? Et ne faut-il pas, le plus souvent, qu'un peu de mal rende le bien plus sensible, c'est-à-dire plus grand ? » — Ceci nous permet d'entrevoir la raison générale de l'existence, dans le monde, de désordres et d'irrégularités. Le même argument vaut ici pour le mal physique et le mal métaphysique. Leibniz dit que le mieux, pour éclaircir ces matières, est de chercher des comparaisons dans les mathématiques pures, « où tout va dans l'ordre, et où il y a moyen de les démêler par une méditation exacte qui nous fait jouir, pour ainsi dire, de la vue des idées de Dieu ». Or on peut supposer une série « de nombres tout à fait irrégulière en apparence où les nombres croissent et diminuent variablement sans qu'il y paraisse aucun ordre ; et cependant celui qui saura la clef du chiffre et qui entendra l'origine et la construction de cette suite de nombres pourra donner une règle, laquelle étant bien entendue fera voir que la série est tout à fait régulière et qu'elle a même de belles propriétés. On le peut rendre encore plus sensible dans les lignes : une ligne peut avoir des tours et des retours, des hauts et des bas, des points de rebroussement et des points d'inflexion, des interruptions et d'autres variétés, de telle sorte qu'on n'y voie ni rime ni raison, surtout en ne considérant qu'une partie de la ligne ; et cependant il se peut qu'on en puisse donner l'équation et la construction, dans laquelle un géomètre trouverait la raison et la convenance de toutes ces prétendues irrégularités : et voilà comment il faut encore juger de celles des monstres, et d'autres prétendus défauts dans l'Univers ». Et Leibniz, envisageant même, parmi les désordres, l'inégalité des conditions, approuve la réponse qu'on fait à ceux qui s'en offusquent : pourquoi alors les roches ne seraient-elles pas couronnées de feuilles et de fleurs, pourquoi des fourmis ne sont-elles pas des paons : il ne faut pas, ajoute-t-il, que tous les tuyaux d'un jeu d'orgues soient égaux. En réalité, nous sommes ici encore les esclaves et les dupes de notre logique grossière et de nos symboles trop simples : l'ordre et l'harmonie résultent pour nous de l'identité, de l'égalité des parties ; nous ne nous apercevons pas que le bonheur même consiste dans une série de changements ; nous ne comprenons pas surtout que, si notre nature n'était pas sous certains rapports imparfaite et bornée, nous ne nous distinguerions plus de Dieu, et nous verrions s'évanouir les raisons mêmes de notre existence indépendante.

On peut donc ne point s'embarrasser trop des objections fondées sur ces deux premières sortes du mal : il est toujours loisible d'arguer de la petitesse de notre vue ou de la courte durée de notre vie terrestre ; en particulier l'existence d'outre-tombe, en vertu même de son caractère mystérieux, permet qu'on y suppose toutes sortes de compensations aux maux d'ici-bas. Mais le péché, apparemment, ne comporte plus de telles explications. Il est tel, non par rapport aux autres faits, mais en lui-même ; ce n'est pas une de ces quantités négatives que des quantités de signe contraire annulent simplement, c'est un mal positif, et Dieu, même à considérer l'ensemble, s'en doit offusquer. Or, puisque Dieu, en créant le monde, a poursuivi la réalisation du meilleur, ne voilà-t-il pas un étrange accident, au moins une défaillance inattendue ? La raison humaine souffre difficilement qu'un Dieu tout-puissant n'ait pu créer qu'un monde où le bien et le mal se juxtaposent : aussi était-il naturel que des philosophes, tels les Manichéens, supposent que le monde résulte du conflit entre un principe bon et un principe mauvais. Mais cette hypothèse est contraire à la toute-puissance de Dieu. En réalité, il est possible d'imaginer que le mal se produise, non par l'influence d'un principe adverse, mais en raison des limites de la réceptivité des créatures. « Posons, dit Leibniz, que le courant d'une même rivière emporte avec soi plusieurs bateaux qui ne diffèrent entre eux que dans la charge, les uns étant chargés de bois, les autres de pierre, et les uns plus, les autres moins. Cela étant, il arrivera que les bateaux les plus chargés iront plus lentement que les autres, pourvu qu'on suppose que le vent, ou la rame, ou quelque autre moyen semblable ne les aide point. » D'où vient cela ? Ce n'est point de la pesanteur, puisque les bateaux descendent au lieu de monter. Mais c'est que « la matière est portée originairement à la tardivité ou à la privation de la vitesse, non pas pour la diminuer par soi-même quand elle l'a déjà reçue, car ce serait agir, mais pour modérer par sa réceptivité l'effet de l'impression quand elle la doit recevoir ». Or on peut dire que, de même que le courant est la cause du mouvement du bateau, mais non de son retardement, de même « Dieu est la cause de la perfection dans la nature et dans les actions de la créature, mais la limitation de la réceptivité de la créature est la cause des défauts qu'il y a dans son action ». En d'autres termes, Dieu est la cause de ce qu'il y a de matériel, de positif, dans l'acte, non de ce qu'il s'y trouve, de formel, qui consiste dans une privation, et qui fait que l'acte est un péché. — Au vrai, cette comparaison ne satisfait qu'à demi : car la créature elle-même, avec ses propriétés diverses, entre autres sa réceptivité bornée, reste bien l'œuvre de Dieu. Cela apparaît mieux encore si nous considérons ce que dit Descartes d'un monarque qui, ayant défendu les duels, et sachant avec certitude que deux gentilshommes se battront s'ils se rencontrent, prend des mesures infaillibles pour les faire se joindre. « Ils se rencontrent en effet, ils se battent : leur désobéissance à la loi est un effet de leur franc arbitre ; ils sont punissables. » Irons-nous toutefois jusqu'à disculper le monarque de toute faute en cette affaire ? Et Dieu intervient même plus que le monarque, puisqu'il sait à l'avance quelles seront nos inclinations, et qu'il les met lui-même en nous. Dieu, dans ce cas, voudrait effectivement le mal. Dire le contraire, c'est faire de la casuistique, au mauvais sens. Mais la comparaison de Descartes est imparfaite. Il faudrait, dit Leibniz, modifier un peu les circonstances, supposer une raison qui oblige le prince à permettre cette rencontre : « comme si l'absence de l'un ou de l'autre était capable de faire éclipser de l'armée quantité de personnes de son parti, ou ferait murmurer les soldats et causerait quelque grand désordre ». Cela ne se produirait pas sans doute si le prince était plus puissant ; le prince ne permet cette faute qu'à cause de son impuissance : c'est ce qui le distingue de Dieu, qui, pouvant tout ce qui est possible, ne permet le péché que parce qu'il est absolument impossible à qui que ce soit de mieux faire. Aussi, tandis que l'action du prince s'accompagne peut-être de chagrin et de regret, Dieu ne connaît pas ces sentiments et n'a nul sujet de les éprouver. Il faut bien remarquer, d'ailleurs, que, si le péché est admis ou permis, ce n'est point simplement pour obtenir un bien ou empêcher un autre mal, mais seulement en tant qu'il est regardé comme une suite certaine d'un devoir indispensable ; pour rester dans l'ordre des comparaisons militaires, c'est « comme si un officier qui doit garder un poste important le quittait, surtout dans un temps de danger, pour empêcher une querelle dans la ville entre deux soldats de la garnison prêts à s'entretuer ». Du moins faut-il que le devoir soit certain ; mais, par rapport à Dieu, il n'est pas douteux qu' « il manquerait à ce qu'il se doit, à ce qu'il doit à sa sagesse, à sa bonté, à sa perfection, s'il ne suivait pas le grand résultat de toutes ses tendances au bien, et s'il ne choisissait pas ce qui est absolument le meilleur », malgré les péchés qui s'y trouvent enveloppés. Dieu, en ce qui concerne le péché, ne veut donc pas directement, comme Descartes le laisse presque entendre, mais permet seulement le mal.

Sans doute on peut encore demander comment il se fait que Dieu ait créé un monde où les péchés se trouvent ainsi liés à l'accomplissement de certains devoirs, et si cette liaison même n'est pas une preuve que ce monde n'est pas le meilleur des mondes. Mais Leibniz a déjà répondu à cette objection en exposant ce qu'est la liberté en Dieu et en l'homme. Nous avons vu que les raisons du choix de Dieu se trouvent dans les possibles eux-mêmes et dans leurs relations possibles, telles que son entendement les lui représente. Il est certain que Dieu a choisi le meilleur des mondes, puisque le fait qu'un monde possible était meilleur que les autres est la seule raison concevable de la création : si tous les mondes possibles avaient été également parfaits ou imparfaits, il n'y aurait pas eu de motifs pour qu'il créât l'un plutôt que l'autre, et il n'en aurait créé aucun. Dès lors, il est certain que dans le domaine des possibles cette liaison entre le péché et le devoir existait déjà à l'état de possible, et que Dieu l'a envisagée en même temps que tous les autres caractères du monde. « Les, prières, les vœux, les bonnes ou mauvaises actions qui arrivent aujourd'hui étaient déjà devant Dieu lorsqu'il prit la résolution de régler les choses. Celles qui arrivent dans ce monde actuel étaient représentées attirant la grâce de Dieu, soit naturelle, soit surnaturelle, exigeant les châtiments, demandant les récompenses : tout comme il arrive effectivement dans ce monde après que Dieu l'a choisi. » Et le décret de Dieu, en les portant à l'existence, n'y a réellement rien changé. — En somme, on peut dire encore qu'il y a une volonté antécédente, par laquelle Dieu tend à tout bien en tant que bien, et c'est celle-ci qui laisse apparaître son inclination véritable et sa haine de tout péché. Mais les volontés antécédentes de Dieu ne produisent pas leur plein effet, parce qu'elles se heurtent et se contredisent mutuellement. Le succès entier n'appartient qu'à la volonté conséquente, qui naît du concours de toutes celles-ci, « comme, dans la mécanique, le mouvement composé résulte de toutes les tendances qui concourent dans un même mobile et satisfait également à chacune, autant qu'il est possible de faire tout à la fois ».

Une telle conception du monde a de quoi satisfaire tout homme, en particulier les hommes très intelligents : Leibniz ne dit-il pas que l'âme de l'homme n'est pas seulement un miroir de l'Univers, mais en outre une image de la Divinité, que notre esprit, non content de percevoir les ouvrages de Dieu, est capable de produire en petit quelque chose qui leur ressemble. « Car pour ne rien dire des merveilles des songes, où nous inventons sans peine, et sans en avoir même la volonté, des choses auxquelles il faudrait penser longtemps pour les trouver quand on veille, notre âme est architectonique encore dans les actions volontaires, et, *découvrant les sciences suivant lesquelles Dieu a réglé les choses (pondéré, mensura, numero),* elle imite dans son département, et dans son petit monde où il lui est permis de s'exercer, ce que Dieu fait dans le grand. » C'est donc par la raison, par l'intelligence, nous dirions presque par l'intelligence scientifique, que les hommes valent surtout au regard de Dieu. C'est en ce sens, et non, sans doute, en un sens proprement théologique, que nous sommes portés à entendre les expressions dont Leibniz désigne l'ensemble des âmes humaines : cette cité de Dieu, cette monarchie véritablement universelle, ce monde moral dans le monde naturel, en lequel consiste véritablement la gloire de Dieu. Le règne moral de la grâce ne désigne ici rien autre chose que le monde des âmes en lesquelles une représentation relativement claire et distincte des choses se développe ; leur supériorité sous ce rapport fut leur titre véritable, ce qui leur mérita en somme un tour de faveur et la préférence sur les autres possibles. Or, de même que nous avons reconnu « une harmonie parfaite entre deux règnes naturels, l'un des causes efficientes, l'autre des finales, nous devons remarquer ici encore une autre harmonie entre le règne physique de la nature et le règne moral de la grâce, c'est-à-dire entre Dieu considéré comme architecte de la machine de l'Univers, et Dieu considéré comme monarque de la cité divine des esprits. Cette harmonie fait que les choses conduisent à la grâce par les voies mêmes de la nature, et que ce globe par exemple doit être détruit et réparé par les voies naturelles dans les moments que le demande le gouvernement des esprits, pour le châtiment des uns et la récompense des autres ». Comme s'il y avait un niveau du meilleur au-dessous duquel le monde actuel ne peut descendre sans se dissoudre, laissant la place à d'autres possibles ; comme si certains excès d'ignorance et de barbarie se trouvaient incompatibles avec la régularité et l'ordre du monde. Toutes ces formules ne doivent évidemment pas être prises à la lettre : elles sont une transposition, en un langage plus populaire, des idées philosophiques ; elles en sont encore le prolongement et la réfraction, en des domaines où l'on ne voit point que l'intelligence humaine puisse s'avancer en restant elle-même. Ce qui s'y manifeste en définitive, c'est l'affirmation de la valeur absolue de l'esprit et du primat de la raison. L'amour pur divin doit s'entendre : la compréhension parfaite de l'ordre des choses, et point autrement. Cette connaissance est, d'une part, désintéressée, puisqu'elle nous fait sortir de nous, puisqu'elle n'agit sur nous par aucun attrait sensible ; d'autre part, et, quoique cela semble contradictoire, elle est toutefois « notre plus grand intérêt », par la tranquillité d'esprit qu'elle nous apporte.

Au reste, cette connaissance n'est jamais parfaite, et il est bon qu'il en soit ainsi, il est bon qu'à nos perceptions distinctes des perceptions confuses toujours se mêlent : un état où nous n'aurions plus aucun désir de connaître davantage n'est pas à souhaiter : un tel état. « rendrait nôtre esprit stupide ». Notre bonheur ne peut consister. que dans un progrès perpétuel de notre pensée.

Mais le monde en général progresse-t-il ? Il semble que Leibniz n'en ait pas été bien sûr, si l'on considère certains passages tels que le suivant : « On peut douter si le monde avance toujours en perfection, ou s'il avance et recule par périodes, ou s'il ne se maintient pas plutôt dans la même perfection à l'égard du tout, quoiqu'il semble que les parties font un échange entre elles, et que tantôt les unes, tantôt les autres, sont plus ou moins parfaites. On peut donc mettre en question si toutes les créatures avancent toujours, au moins au but de leurs périodes, ou s'il y en a qui perdent et reculent toujours, ou s'il y en a enfin qui font toujours des périodes au bout desquelles elles trouvent de n'avoir point gagné ni perdu : de même qu'il y a des lignes qui avancent toujours comme la droite, d'autres qui tournent sans avancer ou reculer comme la circulaire, d'autres qui tournent et avancent en même temps comme la spirale, d'autres enfin qui reculent après avoir avancé, ou avancent après avoir reculé, comme les ovales. » On ne reprochera pas à Leibniz d'avoir méconnu la complexité de ce problème. Dans ses ouvrages de métaphysique et de théologie, ce n'est pas en tout cas une question qui le préoccupe beaucoup. Mais ses écrits sur la logique, sur l'art d'inventer, sur la science générale, sur la caractéristique universelle, laissent une tout autre impression ; à cette méthode qu'il recherche il attache une importance extrême : par elle la science doit s'étendre indéfiniment et l'esprit gagner en capacité et sûreté ; surtout la connaissance et la faculté de raisonner bien, doivent devenir le bien commun de tous les hommes. Étant donné le prix exceptionnel qu'il attache au développement de l'esprit, puisqu'il mesure là-dessus la perfection et la vertu, c'est donc la promesse d'un progrès illimité. Mais il sentait que la vérité ne doit pas se contenter d'être telle, mais a besoin de se faire accepter, que sa loi est peut-être d'évoluer au milieu de beaucoup de forces hostiles, comme l'idée distincte est toujours entourée de perceptions plus ou moins confuses, que son succès dépend donc au moins autant des gens d'action, théologiens, hommes politiques, diplomates, que d'elle-même et de ceux qui la portent en eux. Ainsi s'explique que les espoirs les plus hardis se soient unis chez lui à beaucoup de prudence et de réserve, et que les méditations philosophiques ou scientifiques ne l'aient pas détourné, au contraire, des autres formes d'activité.

FIN

Leibniz

PAR

MAURICE HALBWACHS

ANCIEN ÉLÈVE DE L'ÉCOLE NORMALE SUPÉRIEURE
AGRÉGÉ DE PHILOSOPHIE

PARIS

LIBRAIRIE PAUL DELAPLANE

48, RUE MONSIEUR-LE-PRINCE, 48